당신의 인생을 변화시킬
지그 지글러의 긍정 메시지

포기하지 마라,
한 번뿐인 인생이다

BREAKING THROUGH TO THE NEXT LEVEL
Copyright © 1997 by Zig Ziglar, 3330 Earhart, Ste. 204, Carrollton, Texas 75006-5026, USA
Originally published in English by Honor Books, P.O. Box 55388, Tulsa, Oklahoma, 74155,
USA, under the title "Breaking Through to the Next Level" by Zig Ziglar
All rights reserved.

ZIG ZIGLAR's LITTLE INSTRUCTION BOOK
Copyright © 1998 by Zig Ziglar, 3330 Earhart, Ste. 204, Carrollton, Texas 75006-5026, USA
Originally published in English by Honor Books, P.O. Box 55388, Tulsa, Oklahoma, 74155,
USA, under the title "Zig Ziglar's Little Instruction Book" by Zig Ziglar
All rights reserved.

Korean Translation Copyright © 2012 by Big Tree publishing Co.
through Imprima Korea Agency
Korean edition is published by arrangement with Access Sales International.

이 책의 한국어판 저작권은 Imprima Korea Agency를 통해
Access Sales International과의 독점 계약으로 도서출판 큰나무에 있습니다.
저작권법에 의해 한국 내에서 보호를 받는 저작물이므로
무단 전재와 무단 복제를 금합니다.

지그 지글러 지음 | 박상혁 옮김

당신의 인생을 변화시킬
지그 지글러의 긍정 메시지

포기하지 마라
한 번뿐인 인생이다

포기하지 마라,
한 번뿐인 인생이다

초판 1쇄 인쇄 2012년 12월 20일
초판 1쇄 발행 2012년 12월 26일

지은이 지그 지글러
옮긴이 박상혁
펴낸이 한익수
펴낸곳 도서출판 큰나무
등록 1993년 11월 30일 (제5-396호)
주소 410-360 경기도 고양시 일산동구 백석동 1455-4 1층
전화 031-903-1845
팩스 031-903-1854
이메일 btreepub@chol.com
블로그 blog.naver.com/btreepub

값 12,000원
ISBN 978-89-7891-276-1 (13320)

잘못 만들어진 책은 구입하신 서점에서 교환해 드립니다

실패는 단지 사건에 불과하며
어제는 지난밤으로 끝나고
오늘이 당신의 새로운 날이라는 것을 이해한다면
당신은 이미 정상에 있는 것입니다.

지그 지글러

prologue···

당신은 당신이
생각하는 것 이상으로
괜찮은 사람이다

성공은 여러 가지로 정의할 수 있습니다. 나는 이 인생의 지침서에 내 삶의 여정을 통해 느꼈던 성공에 대한 정의를 이야기하고자 합니다.

여기서 다루는 주제들은 우리 삶에서 볼 수 있는 진솔한 내용들입니다. 자기 자신에 대한 관점, 사람들과의 관계, 시간을 운영하는 방법을 포함해 우리가 어떻게 인생을 살아가야 하느냐 하는 삶의 자세 전반에 걸친 주제들입니다.

사업, 인간관계, 목표 설정, 행복, 자녀 훈육 등 어느 한 부분에서라도 실패한다면 진정으로 성공했다고 볼 수 없기 때문입니다. 전체적이고 균형 잡힌 인생이야말로 당신 주변의 세상에 진정한 영향을 미칩니다. 당신은 이 책 속의 다양한 사례를 통해서 진정한 성공을 경험할 수 있을 것입니다.

이 책은 어디서나 쉽게 접근할 수 있도록 고안되어 있습니다. 한자리에 앉아서 책 전체를 읽을 수도 있고, 아니면 매일 아침 몇 페이지씩 읽을 수 있거나 아니면 한꺼번에 몇 장씩 읽을 수도 있습니다. 어떤 방법을 선택하든지 간에 이 책을 한 번 이상 읽고 싶어 하게 될 것입니다. 이 책을 집어 들 때마다 이 책이 여러분에게 매번 새롭게 힘을 실어주고 자극을 줄 것으로 나는 믿습니다.

물론 이 책의 어떤 일화들은 당신이 이미 알고 있는 것일 수도 있습니다. 그러나 당신의 마음이 진실을 받아들일 준비가 되어 있다면 그 뒤에 숨겨진 메시지는 언제나 새로운 영감을 불러일으킬 것입니다. 또한 다양한 명언들과 사례들은 당신의 일상과 분주한 삶을 일깨우는 감동을 제공할 것입니다.

나는 이 책을 통해 여러분에게 확신을 심어주고자 합니

다. 즉 여태껏 자신이 할 수 있다고 생각한 것보다 더 많은 것을 여러분은 할 수 있으며 자기가 생각한 것 이상으로 자신이 더 나은 존재라는 점을 격려하고 싶습니다.

지그 지글러

목차

prologue 당신은 당신이 생각하는 것 이상으로 괜찮은 사람이다 · 6

지그 지글러의 긍정 메시지 제1장
인간은 인생의 방향을 결정할 규칙을 가지고 있어야 한다
by 존 웨인

미래는 당신을 기다리고 있다 17 | 현재의 노력과 희생은 미래가 보상한다 18 | 낙관주의자 VS 비관주의자 19 | 1,440분의 아름다운 순간들 20 | 모든 경이로움이 사라지기 전까지는 늦었다고 말하지 마라 22 | 과거를 바꿀 수는 없지만 현재를 망칠 수는 있다 23 | 인생을 변화시키는 태도 24 | 생각하는 대로 받는 선물 26 | 어떤 사람은 마치 보상이라도 받을 것처럼 남을 헐뜯는다 28 | 원하는 것을 얻고 싶으면 사고를 변화시켜라 30 | 지금 서 있는 곳에서부터 시작하라 32 | 고상한 방식으로 적을 죽이는 법 33 | 용서는 인생의 필수과목이다 35

지그 지글러의 긍정 메시지 제2장
나는 때를 놓쳤고, 그래서 지금은 시간이 나를 낭비하고 있는 거지
by 윌리엄 세익스피어

난 시간의 주인이다 41 | 최고를 위해서 포기할 것은 무엇인가? 42 | 당신이 가진 시간 동안 할 수 있는 일 43 | 최선을 다할 시간 44 | 바로 지금 해야 할 일 45 | 지금, 여기에 행복이 있다 46 | 만인은 시간 앞에 평등하다 47 | 목표를 종이에 기록하면서부터 실천은 시작된다 48 | 자유 시간에 당신은 무엇을 하고 있는가 49 | 내일 할 수 있는 일 51

지그 지글러의 긍정 메시지 제3장
꿈을 기록하는 것이 나의 목표였던 적은 없다
꿈을 실현하는 것이 나의 목표이다
by 만 레이

방향은 실제로 기회를 창조한다 57 | 누구도 탓하지 않고 변명하지 않고 58 | 경로에서 이탈했을 때 당신의 선택은? 59 | 상황을 알면 방법이 보인다 60 | 성공에 대한 당신의 결심은 정말 확고한가? 61 | 당신의 운명은 희망의 크기에 의해 한정된다 62 | 중요한 것은 인생의 출발선이 아니라 마지막 도달 지점이다 63 | 어리석음이란, 똑같은 방법으로 행동하고 다른 결과를 얻을 수 있다고 믿는 것이다 64 | 볼 수 있는 데까지 최대한 멀리 가라, 그곳에 이르면 더 멀리 볼 수 있다 65 | 올바른 삶의 방향과 인생의 성과는 정비례한다 66 | 목표를 세분화하라, 시간을 알맞게 배분하라, 그러면 모든 것이 달라질 것이다 67 | 용감하게 난국과 맞서다 69 | 직장에서의 성공은 직장 밖에서 노력하기 나름이다 70

지그 지글러의 긍정 메시지 제4장
힘은 만성적 두려움과 만날 때
무지막지해진다
by 에릭 호퍼

죽음을 부른 당신의 생각들 75 | 결코 희망이 없다고 장담할 수 있는가 76 | 다른 사람을 변화시키는 최선의 방식은 우리 자신을 변화시키는 것이다 77 | 진정한 의미의 강점 78 | 단순히, 간단히 해결책 찾기 79 | 언제나 문제의 해결은 당신에게 달려 있다 80 | 받아들이는 것과 체념은 다르다 82 | 제이 레노식 접근법 84 | 뛰어난 사람들에게는 한 가지 공통점이 있다 86 | 문제 될 것은 무엇인가 88

지그 지글러의 긍정 메시지 제5장
실패하면 실망할지도 모른다
그러나 시도도 안 하면 불행해진다
by 비벌리 실스

한 번의 패배로부터 교훈을 얻는다면 당신은 진정 실패한 것이 아니다 93 | 큰 사람은 실수하지 않는 사람이 아니라 자신이 저지른 실수보다 큰일을 한 사람이다 94 | 실수를 인정하라, 실수로부터 배워라, 하지만 실수를 곱씹고 있지는 마라 95 | 내일은 당신의 새로운 날 96 | 실패는 인생의 위대한 스승이지 장의사가 아니다 97 | 아무것도 하지 않으면 배울 것은 없다 99 | 성공하고 난 뒤에도 '왜 하필 나야?'라고 말하는가 101 | 실패는 기회를 가져온다 103 | 문제가 진정 문제일까 105 | 중요한 것은 당신에게 어떤 일이 발생했느냐가 아니라 어떻게 극복했느냐이다 107

지그 지글러의 긍정 메시지 제6장
당신이 일을 이끌지 않으면
그것이 당신을 이끌 것이다
by 벤저민 프랭클린

직업을 사랑하면 삶에 목적이 생길 것이다 113 | 헌신적인 사람들은 고용 보험을 든 것이다 114 | 개성과 일관성을 가져라 115 | 다음 날 아침을 희망하며 일하라 116 | 팀을 위한 헌신 117 | 유머 감각은 자산이다 118 | 당신이 아는 것을 가르쳐주어라 119 | 사람들에게 희망이란 주사를 놓아라 120 | 능률과 효율 121 | 이 세상에는 서로 도와야 한다는 암묵적인 계약이 있다 122 | 기다리지 마라, 우선 행동하라. 그러면 정말 잘했다는 생각이 들 것이다 124 | 한마디의 칭찬은 최고의 동기부여 방법이다 125 | 당신이 가진 커다란 힘 127 | 일하지 않는 시간에 무엇을 하는가 128

지그 지글러의 긍정 메시지 제7장
성공한 사람이 될 수 있는데
왜 평범한 이에 머무르려 하는가
by 베르톨트 브레히트

최선의 방식이 최고의 것을 만들어낸다 133 | 난 부자들의 비밀을 알고 있다 134 | 성공은 일시불로 구입할 수 없다. 할부로 날마다 비용을 지불해야 한다 135 | 내일은 내일의 태양이 뜬다 136 | 상상력을 가동하면 새로운 개념이 열린다 137 | 단순한 아이디어가 엄청난 행운을 가져오기도 한다 138 | 고전적인 방식으로 부를 축적하다 139 | 실패는 성공으로 가는 또 하나의 길이다 140 | 충동과 결단력 141 | 성공은 기회가 철저한 준비와 만났을 때 이루어진다 142 | 도전을 포기하지 않는 한 결코 실패자가 아니다 143 | 교육과 지성은 같은 말이 아니다 145 | 가장 큰 과업은 나를 계발하는 것이다 147 | 성공하는 사람들은 타인에게 먼저 손을 내밀 줄 안다 149 | 땀 흘려 훈련하지 않고 챔피언이 된 선수는 없다 150

지그 지글러의 긍정 메시지 제8장
부모란 자녀에게 사소한 것을 주어 아이를
행복하게 하게끔 만들어진 존재다
by 프레더릭 내시

아이들은 배운다 157 | 아이들을 위해 가장 옳은 것은 무엇인가 158 | 어린이는 말보다 행동에 집중한다 159 | 눈물이 웃음으로 160 | 아이들은 사랑이 있는 곳에 머문다 161 | 날마다 성격이 형성된다 163 | 노력을 칭찬해 주어라 164 | 아이들은 부모를 그대로 따라 한다 166 | 사랑을 배우다 167 | 무엇을 교육할 것인가 168 | 부모로부터 배우는 것 169 | 아이들에게 사랑은 시간이라는 두 글자다 170 | 아들과 아버지 172 | 사랑하는 위치에 있다는 것 173 | 자녀를 위한 가장 큰 선물은? 174 | 결혼반지 175 | 연애에서 사실을 부정하는 것은 비극적인 결말의 서막이다 176 | 당신의 사랑은 지금 어디에 있는가 178 | 사랑 점검 리스트 179

지그 지글러의 긍정 메시지 제9장

슬픔은 자연히 해결된다, 그러나 기쁨의 가치를 충분히 누리려면 기쁨을 나눌 누군가가 필요하다
by 마크 트웨인

행복의 정의 185 | 세상에서 가장 가난한 사람은 웃음이 없는 사람이다 186 | 과연 쾌락이 행복을 보장해 주는가 187 | 타인을 배려함으로써 나를 지키는 법 188 | 인생은 탄력적으로 튀는 공과 같다 189 | 동정하는 마음 190 | 애정의 시선 191 | 친숙해지는 첫 번째 단계 192 | 우정의 가치 193 | 다른 사람의 기쁨은 나에게 더 큰 행복으로 돌아온다 194 | 행복은 주고받으며 시작된다 196 | 다른 사람을 변화시키는 최선의 방식은 우리 자신을 변화시키는 것이다 198 | 진정한 칭찬은 우리 모두에게 승리를 안겨준다 199 | 말 한마디에 천 냥 빚도 갚는다면 격려 한 번은 대체 얼마의 값일까? 201 | 긍정적인 사고와 태도는 긍정적인 결과와 반응을 낳는다 203

지그 지글러의 긍정 메시지 제10장

내 자신에 대한 자신감을 잃으면 온 세상이 나의 적이 된다
by 에머슨

누군가 나를 지켜보고 있다면? 209 | 당신의 영혼도 고통받고 있지 않은가? 210 | 최선을 다하는 것만으로 이미 승리자다 211 | 당신의 능력을 이용할 수 있는 사람은 당신 자신뿐이다 212 | 당신의 동의 없이는 누구도 당신에게 열등감을 느끼게 할 수 없다 213 | 당신은 이미 완성된 인간이다 214 | 인간의 자원은 이용하지 않으면 고갈된다 215 | 인생의 시험은 지혜로 통과한다 216 | 사소한 것들이 만들어내는 엄청난 차이 217 | 당신의 재능은 쓸수록 늘어난다 219 | 영혼이 비었을 때도 꼬르륵 소리가 나면 재미있지 않을까? 221 | 우리는 자기 자신의 근본적인 믿음과 성격의 특징에 따라 결정을 하게 된다 223 | 습관의 굴레는 그것이 너무 강해서 부러지게 될 때까지 느껴지지 않는다 225

지그 지글러의 긍정 메시지 제1장

긍정주의자로 사는 삶의 핵심은
아직 최상의 미래가 도래하지 않았다고
믿을 정도로 순진해지는 것이다
by 피터 유스티노프

입에서 나오는 말은 마음속으로 들어가 당신 마음을 결정해 버린다 231 | 어제 당신은 무엇을 했으며 오늘 당신은 무엇을 하고 있는가? 232 | 동기는 인간이라는 기계를 계속해서 돌리는 데 필요한 동력이다 233 | 동기부여는 성공이란 차에 들어가는 단 하나의 연료이다 234 | 행복의 여정 236 | 행복의 향기는 나의 존재 자체에서 퍼져 나온다 237 | 행복은 깊숙이 자리한 곳에서 나온다 238 | 승리의 감동을 아는 자만이 고난의 길을 갈 수 있다 239 | 희망은 수동적인 것이 아니다, 그것은 적극적인 태도의 문제다 240 | 인생은 메아리와 같다, 당신이 보낸 것은 언젠가 다시 되돌아온다 241 | 자신을 바라보는 방법은 당신의 행동에 영향을 미친다 243 | 당신의 마음은 당신이 뜻하는 대로 움직인다 245 | 돈만 있으면 가족을 위한 모든 걸 살 수 있다 그러나 그들의 사랑만은 살 수 없다 247 | 올바른 목소리에 귀 기울일 때 올바른 선택을 하게 된다 249 | 당신은 정상에 있다 251

epilogue 성공을 위한 다음 단계 돌파구 · 255

지그 지글러의 긍정 메시지 제1장

인간은 인생의 방향을 결정할 규칙을 가지고 있어야 한다

by 존 웨인

미래는 당신을 기다리고 있다

문제는 어떻게 새롭고 혁신적인 생각을 하느냐가 아니라 어떻게 오래된 생각을 비워내느냐 하는 것이다. 모든 사람의 머릿속은 케케묵은 가구로 가득 찬 건물과 같다. 한쪽 구석을 비워낸다면 창의성이 즉시 그 자리를 메울 것이다. -디 혹

젊은 선원 하나가 첫 항해에 올랐습니다. 북대서양에서 그가 타고 있던 배가 큰 폭풍우를 맞게 되었습니다. 젊은 선원은 돛을 조정하라는 명령을 받았습니다. 그는 한참 돛대 위로 오르다가 그만 아래를 내려다보고 균형을 잃기 시작했습니다. 그때 선임 선원이 그에게 소리쳤습니다.

"위를 봐! 위를 보란 말이야!"

젊은 선원은 머리를 들어 위를 쳐다보았습니다. 그제야 다시 그는 균형을 찾을 수 있었습니다.

갑자기 모든 것이 부정적으로 느껴진다면 지금 당신이 잘못된 방향을 바라보고 있지 않은지 확인해 보십시오. 태양을 바라보고 있을 때 그림자는 보이지 않습니다. 현재의 모습이 밝게 느껴지지 않는다면 새로운 전망이 필요합니다.

현재의 노력과 희생은 미래가 보상한다

저의 인생철학은 자신의 삶을 스스로 책임질 뿐만 아니라, 이 순간 최선을 다하면 다음 순간에 최고의 자리에 오를 수 있다는 것입니다.
-오프라 윈프리

나는 야채 가게 점원으로 일한 적이 있습니다. 그때 맞은편 가게에서 일하는 찰리 스콧을 알게 되었습니다. 마을 주민들은 그를 '뛰어다니는 사람'으로 불렀습니다. 그는 언제나 땀방울이 맺힌 채 분주히 돌아다녔습니다.

어느 날, 채소 가게 주인에게 물었습니다.

"왜 찰리는 가는 곳마다 바쁘게 뛰어다니지요?"

"더 많은 보수를 받기 위해서 열심히 일하는 중이지. 아마 머지않아 그는 바라는 것을 얻게 될 거야."

나는 주인이 그것을 어떻게 아는지 궁금했습니다.

"만약 찰리의 주인이 그렇게 대우하지 않는다면 내가 그렇게 할 거니까."

주인의 한마디에 나의 궁금증은 싹 사라져 버렸습니다.

낙관주의자 VS 비관주의자

천재는 감탄, 부자는 부러움, 권력자는 두려움의 대상이 된다.
그러나 인격을 갖춘 사람만이 진정한 신뢰를 받을 수 있다.
—아서 프리먼

로버트 슐러는 낙관주의자와 비관주의자를 아주 명쾌하게 구분했습니다. 낙관주의자는 반 잔의 물을 보고 반이나 찼다고 이야기하고, 비관주의자는 반밖에 남지 않았음을 아쉬워합니다. 그 이유는 아주 간단합니다. 낙관주의자는 컵에 물을 붓는 중이고 비관주의자는 컵에서 물을 빼내는 중인 것입니다. 이는 보편적인 진실입니다.

    사회에 어떤 공헌도 하지 않고 무언가 얻고자 하는 이는 비관적인 사람입니다. 왜 그러냐면 자신에게 있어 필요한 모든 것이 충분하지 않다고 언제나 불평하기 때문입니다. 반면 항상 최선을 다해 사회에 헌신하는 사람은 낙관적이고 자신감이 넘칩니다. 그는 스스로 해결책을 찾아 노력하기 때문입니다.

1,440분의 아름다운 순간들

많은 것을 담고자 한다면, 하루는 백 개의 주머니를 가지고 있다.
-프리드리히 니체

당신의 잠재력 중에서 작은 부분이라도 깨닫고 있습니까?

당신은 의미 있는 존재가 되어야 합니다. 불행하게도 대부분의 사람은 자신이 원하는 것에 대해 단지 막연한 사고를 가지고 있을 뿐입니다. 게다가 그 막연한 사고에 기초해 일관성 있게 행동하는 사람은 더욱 적습니다.

일반적으로 사람들은 단순히 어제 자신이 한 일이기 때문에 매일매일 직장으로 향합니다. 일터로 가야 하는 이유가 단지 어제 갔기 때문이라면, 그가 어제보다 오늘 더 효율적으로 일할 가능성은 거의 없습니다.

해리 에머슨 포스딕은 말합니다.

"어떤 증기나 가스도 그것이 모아지기 전까지는 아무것도 움직일 수 없다. 어떤 강물도 그것이 댐의 터널을 지나

동력이 되기 전까지는 빛이 될 수 없다. 어떤 삶도 그것이 하나의 초점에 맞춰 매진하고 훈련되기 전까지는 성장할 수 없다."

오늘 1,440분의 아름다운 순간들을 어떻게 보낼 것인지를 생각하십시오. 그리고 그 순간들을 현명하게 보내십시오.

모든 경이로움이 사라지기 전까지는 늙었다고 말하지 마라

인생의 비극은 우리가 너무 일찍 늙고 너무 늦게 현명해진다는 것이다. -벤저민 프랭클린

1870년대 독일의 수상이었던 비스마르크는 65세 이상의 모든 사람을 자신의 실질적인 적으로 간주했습니다. 그는 의회를 설득해 65세가 되는 사람은 의무적으로 퇴임하는 법안을 통과시켰습니다. 이것은 정신적인 능력의 퇴조와 생산성의 하락과는 아무 상관이 없는 것입니다. 다른 유럽의 나라들도 이유는 다르지만 이 법안을 받아들였고 마침내 이 정책은 미국에도 정착했습니다.

지혜와 경륜이 최고조에 오른 사람들을 현장에서 물러나게 한다는 것은 진정한 비극이 아닐까요! 저는 그것이 이치에 맞는 합당한 일인지 언제나 의문을 갖습니다.

과거를 바꿀 수는 없지만
현재를 망칠 수는 있다

현재를 사는 법을 배우는 것은 기쁨의 행로의 일부다.
-사라 밴 브레스낙

과거의 실패에 집착하고 오늘 대면하고 있는 문제와 내일 무슨 일이 일어날지 두려워한다면 우리는 주저앉게 됩니다. 이 같은 사고방식으로는 평균수명도 줄어들 것입니다. 그렇게 되면 우리 인생은 견디지 못할 정도로 길게 느껴질 것입니다. 왜냐하면 나쁜 것에만 집중하기 때문입니다.

다음과 같은 간단한 접근 방식을 시도해 보십시오. 이 글을 읽게 된다면 당신은 분명 살아 있음이 틀림없다는 사실로부터 시작하게 될 것입니다. 당신은 오늘 아침 잠에서 깨어 죽지 않고 일어났음에 분명합니다. 그렇다면 당신이 경험한 유쾌하고 긍정적인 일에 집중하십시오. 이와 같이 초점을 바꾸는 것만으로 당신은 기적을 발견할 것입니다.

인생을 변화시키는 태도

한 곳에서 불만인 사람이 다른 곳에서 행복하지는 않는다. —이솝

잭 그레이엄 박사는 지적합니다.

"일생 동안 모든 사람은 하나님에 대한 감사 기도와 고마움을 고양하게 되거나 아니면 신랄하고 오만한 태도를 배우게 될 것이다."

그는 이 점을 좀 더 확장시켜, 감사하는 태도로 살아가는 아이는 행복해질 확률이 높다고 말합니다. 반대로 분노하고 비판적인 사람은 기본적으로 불행한 사람들입니다.

감사하는 마음은 당신을 건강하고 행복하게 만들며 인생관을 변화시킬 것입니다. 행복한 사람은 대개 다른 이에게 초점을 맞춥니다. 반면 불행한 이는 자기 연민과 회의에 몸부림칩니다. 감사하는 마음을 가진 사람은 낙천적일 확률이 높고, 어떤 상황에서도 기회를 포착하고 그것을 호기

로 삼습니다.

우리가 획득하는 모든 '태도' 가운데 감사하는 자세야말로 가장 중요한 것이며, 한 걸음 더 나아가 인생을 변화시키는 가장 중요한 것입니다.

생각하는 대로 받는 선물

나는 아름다움과 추함, 질서와 혼돈이 사물의 원천적 속성이 아니라고 경고하고 싶다. 오직 우리의 상상력에 의해서만 사물이 아름답거나 추하거나, 질서 정연하거나 무질서하다고 할 수 있다.
-바뤼흐 스피노자

히치콕 감독의 영화 〈사이코〉의 여주인공 자넷 리는, 영화 속 한 장면인 등골이 오싹해지는 그 유명한 샤워 신에서 소름 끼치는 비명을 지르며 완벽한 연기를 선보였습니다.

그녀가 그토록 실감 나게 비명을 지를 수 있었던 것은 히치콕 감독이 일부러 찬물로 샤워를 시켰기 때문이라는 이야기가 돌았지만 자넷 리는 그것이 속설임을 밝히며 그 당시 일화를 이야기했습니다.

자넷 리는 샤워 신 촬영 당시 자신은 무슨 일이 일어나고 있는지 정확히 알고 느끼며 연기한 것이라고 말했습니다. 또한 그 장면을 연기하며 공포에 질리지는 않았다고 했습니다. 하지만 그녀는 영화를 보고 난 뒤 이렇게 말했습니다.

"비록 내가 연기하기는 했지만 영화를 보고 난 뒤 충격을 잊을 수 없어 다시는 샤워를 하지 않게 되었다."

영화 〈사이코〉에서 히치콕 감독은 자넷 리가 죽임을 당하는 장면을 직접적으로 보여주지 않지만 보는 이로 하여금 '상상'하게끔 장면을 편집했고, 공포는 '상상'함으로써 더욱 확장됩니다.

우리의 상상력은 강력합니다. 그것은 부정적으로 이끌기고 하지만 반면 생각을 긍정적인 방향으로 선회시키기도 합니다.

우리 모두 가능한 많이 사용해야 하는 두 가지 선물을 가지고 있습니다. 바로 상상력과 유머입니다. 상상력은 우리가 가지고 있지 않은 것을 보상해 주고, 유머 감각은 우리가 가지고 있는 것에 대해 위안을 전해 줍니다.

어떤 사람은 마치 보상이라도 받을 것처럼 남을 헐뜯는다

감사하는 사람의 마음속은 영원한 여름이리라. —셀리아 댁스터

남을 헐뜯기 좋아하는 사람들이 많습니다. 그런 사람들이 상대방에 대한 칭찬을 좋아하도록 만들기 위해서 수년 동안 나는 노력해 왔습니다.

우선 그들에게 좋아하는 모든 것을 써보라고 제안했습니다. 존경하는 사람, 직업에 대해 만족스러운 점, 반려자에게 고마운 경우 등 모든 것이 해당됩니다. 그리고 그들에게 매일 아침저녁으로 거울 앞에 서서 그 목록을 큰 소리로 소리 내어 읽어보라고 당부했습니다.

또 최근 댈러스에서 있었던 발표회에서도 나는 청중들에게 그들의 직업과 관련한 긍정적인 사항을 써보라고 말했습니다.

2주 후, 한 여성이 나를 찾아왔습니다. 그녀는 나의 제

안을 충실하게 따랐더니 한 주가 채 지나기도 전에 상관으로부터 작업 태도와 향상된 일의 성과에 대해 칭찬을 받았다고 고마워했습니다.

당신이 가지고 있는 일들을 올바로 인식하고 감사하면 할수록 당신은 더욱 많은 것들에 감사하는 축복을 받을 것입니다.

원하는 것을 얻고 싶으면 사고를 변화시켜라

습관이야말로 무료로 당신을 위해 일해 줄 유일한 하인이다. 습관을 형성할 수 있도록 노력하라. 그러면 혼수상태에 들어간다 하더라도 습관은 자동적으로 작동하게 될 것이다. −프레드릭 위테이커

투입량은 전망을 결정합니다. 전망은 산출량을 결정합니다. 산출량은 성과를 결정합니다.

다행스럽게도 우리는 좋은 자료를 읽음으로써 우리 마음에 어떤 양식을 제공할 것인지 선택할 수 있습니다. 교육적이고 영감을 주는 영상을 보거나 혹은 정보를 제공하는 오디오를 들음으로써 선택할 수 있습니다.

인생이 당신이 원하는 것을 주지 않는다면, 사고를 변화시키는 것이 해결책이 될 수도 있습니다. 생각하고 있던 걸 계속해서 생각한다면, 우리가 하고 있던 것을 앞으로도 계속 행하게 될 것입니다. 만약 우리가 하고 있었던 것을 앞으로도 계속하게 된다면, 우리가 얻고 있었던 것을 앞으로도 계속 얻게 될 것입니다.

긍정적인 다이어트가 가능하도록 정신적인 다이어트를 하십시오. 그와 같은 다이어트의 변화는 영원한 차이를 가져다줄 것입니다.

지금 서 있는 곳에서부터 시작하라

위대한 남성과 유명한 여성의 일생을 연구한 결과, 나는 정상에 오른 사람들은 자기 수중에 있는 모든 것들, 즉 에너지와 열정과 열성을 가지고 최선을 다했던 사람들이란 사실을 알게 되었다. —해리 S. 트루먼

미국의 모든 학생들 치고 에이브러햄 링컨의 이야기를 모르는 이는 없을 것입니다. 그들은 링컨이 미국의 대통령이 되기 전에 얼마나 힘든 난관을 극복했는지 또한 잘 알고 있을 것입니다. 대부분의 사람은 자기 안에 위대함의 씨앗을 간직하고 있지만, 무슨 연유에서인지 자신이 가진 재능에 헌신하고 자극받고 고무되는 법이 없습니다. 하지만 기회는 대단히 낯설고 흥미진진한 형태로 우리 주변에 널려 있습니다. 모든 것은 어디에선가 시작해야 하며 세상의 모든 회사는 규모와 상관없이 꿈을 성취했던 다른 사람들과 더불어 그것을 공유하려는 사람의 마음으로부터 시작되었습니다.

우리는 어디에선가 시작해야만 합니다. 그렇다면 지금 당신이 있는 곳에서부터 시작하십시오.

고상한 방식으로 적을 죽이는 법

복수할 때 인간은 적과 같은 수준이 된다. 그러나 용서할 때 그는 원수보다 우월해진다. -프랜시스 베이컨

1828년 《웹스터 사전》은 용서라는 말을 이렇게 정의하고 있습니다.

"용서는 모욕을 무시하는 것이며 무례한 자를 유죄로 취급하지 않는 것이다."

우리의 적을 용서하는 것은 기독교인의 의무로 간주됩니다. 사실상 용서는 당신 자신을 위한 것입니다. 많은 사람들은 정당하게도 반칙을 한 자는 용서받을 '자격'이 없다고 주장합니다. 이런 주장은 완전히 핵심을 벗어난 것입니다. 당신은 그 개인을 용서할 자격이 있습니다.

만약 당신이 증오, 복수심, 쓰라린 마음의 짐을 지고 있다면 당신이 올라갈 수 있는 능력만큼 높이 올라갈 수 없습니다. 무거운 짐을 지고서는 당신의 충분한 잠재력이 얼마

나 되는지 깨달을 기회가 거의 없습니다. 다시 말해 증오, 복수심, 쓰라린 마음이라는 세 가지 짐을 지게 되면 자기 잠재력을 완벽하게 알 수 있는 방법을 찾지 못하게 됩니다.

    진정하고 고상한 방식으로 적을 죽이는 것은 그를 죽이지 않는 것입니다. 친절한 마음을 품고 있다면 당신은 적을 변화시킬 수 있습니다. 그러면 그는 적이기를 그만두게 될 것이고, 적은 당신의 친절에 죽임을 당한 것이나 진배없습니다.

용서는 인생의 필수과목이다

분노·원망·상처를 붙잡고 있으면 근육통과 두통이 생기고, 이를 악물어 턱이 아프다. 용서는 당신의 삶에 웃음과 후련함을 돌려준다.
-조앤 런든

최근의 컨벤션에서 나는 이런 말을 했습니다.

"용서야말로 증오, 분노, 성적 학대에 의해 야기된 모멸감을 제거하는 데 가장 핵심적인 것입니다."

다음 날 아침, 한 여성이 나를 찾아와 자기 이야기를 들려주었습니다. 그녀는 의붓아버지로부터 성적 학대를 당하고, 10년간 연락을 하지 않고 지내 왔다고 말했습니다. 그러던 중 지난밤 내 강연을 듣고 그날 저녁 의붓아버지에게 전화를 걸었다고 했습니다.

의붓아버지는 그녀의 목소리를 듣고 놀라워했다고 합니다. 그녀는 의붓아버지에게 그를 용서할 뿐 아니라 사랑한다는 말을 전했다고 말했습니다.

그 이야기를 하는 그녀의 얼굴에 아름다운 미소가 떠올

랐습니다. 이제 그녀가 쓰라린 고통으로부터 자유로워진 것을 나는 분명히 느낄 수 있었습니다.

용서는 인생이란 교과과정에 있어 선택과목이 아닙니다. 용서는 필수과목이며 이 시험에서 통과하는 것은 대단히 힘이 듭니다.

1장 명언 모음

인간은 인생의 방향을 결정할
규칙을 가지고 있어야 한다 by 존 웨인

문제는 어떻게 새롭고 혁신적인 생각을 하느냐가 아니라 어떻게 오래된 생각을 비워내느냐 하는 것이다. 모든 사람의 머릿속은 케케묵은 가구로 가득 찬 건물과 같다. 한쪽 구석을 비워낸다면 창의성이 즉시 그 자리를 메울 것이다. -디 혹

저의 인생철학은 자신의 삶을 스스로 책임질 뿐만 아니라, 이 순간 최선을 다하면 다음 순간에 최고의 자리에 오를 수 있다는 것입니다.
-오프라 윈프리

천재는 감탄, 부자는 부러움, 권력자는 두려움의 대상이 된다.
그러나 인격을 갖춘 사람만이 진정한 신뢰를 받을 수 있다.
-아서 프리먼

많은 것을 담고자 한다면, 하루는 백 개의 주머니를 가지고 있다.
-프리드리히 니체

인생의 비극은 우리가 너무 일찍 늙고 너무 늦게 현명해진다는 것이다. -벤저민 프랭클린

현재를 사는 법을 배우는 것은 기쁨의 행로의 일부다.
-사라 밴 브레스낙

한 곳에서 불만인 사람이 다른 곳에서 행복하지는 않는다. -이솝

나는 아름다움과 추함, 질서와 혼돈이 사물의 원천적 속성이 아니라고 경고하고 싶다. 오직 우리의 상상력에 의해서만 사물이 아름답거나 추하거나, 질서 정연하거나 무질서하다고 할 수 있다. -바뤼흐 스피노자

감사하는 사람의 마음속은 영원한 여름이리라. -셀리아 댁스터

습관이야말로 무료로 당신을 위해 일해 줄 유일한 하인이다. 습관을 형성할 수 있도록 노력하라. 그러면 혼수상태에 들어간다 하더라도 습관은 자동적으로 작동하게 될 것이다. -프레드릭 위테이커

위대한 남성과 유명한 여성의 일생을 연구한 결과, 나는 정상에 오른 사람들은 자기 수중에 있는 모든 것들, 즉 에너지와 열정과 열성을 가지고 최선을 다했던 사람들이란 사실을 알게 되었다. -해리 S. 트루먼

복수할 때 인간은 적과 같은 수준이 된다. 그러나 용서할 때 그는 원수보다 우월해진다. -프랜시스 베이컨

분노·원망·상처를 붙잡고 있으면 근육통과 두통이 생기고, 이를 악물어 턱이 아프다. 용서는 당신의 삶에 웃음과 후련함을 돌려준다.
-조앤 런든

지그 지글러의 긍정 메시지 제2장

나는 때를 놓쳤고, 그래서 지금은 시간이 나를 낭비하고 있는 거지

by 윌리엄 셰익스피어

난 시간의 주인이다

우리가 진정으로 소유하는 것은 시간뿐이다. 가진 것이 달리 아무것도 없는 이에게도 시간은 있다. -발타사르 그라시안

실패는 기회가 부족했기 때문이 아닙니다. 이 세상은 우리들에게 다양하고 풍부한 기회를 제공해 왔습니다.

몇 년 전, 한 사람이 조지아 주의 연방 교도소에 풀려났습니다. 그는 감옥에 들어오기 전에 방탕한 생활로 전 재산을 날려버렸습니다. 하지만 감옥 안에서 그는 다른 죄수들의 옷을 수선해 조금씩 돈을 모았습니다. 이런 노력 속에서 그는 시간을 낭비한 것이야말로 그를 감옥으로 보낸 큰 실수보다 더 잘못된 것임을 깨달았습니다. 이제 그는 시간을 낭비하는 바보가 아니었습니다.

실제로 당신에게는 두 가지 기회가 있습니다. 이제 선택하십시오. 시간의 노예가 될 것인가? 아니면 시간의 주인이 될 것인가?

최고를 위해서 포기할 것은 무엇인가?

당신이 일에 쏟아붓는 시간이 중요한 게 아니다. 중요한 것은 당신이 시간을 쏟아붓는 일 그 자체다. -샘 유잉

나는 새해를 시작할 때마다 아주 의미 있는 의식을 진행해 왔습니다. 그것은 1년 동안 내가 원하는 일들이 무엇인지 생각할 수 있도록 나의 모든 상상력을 동원하는 것입니다.

내가 원하는 모든 일을 하기 위해 필요한 시간이 얼마인지 계산해 보았습니다. 7시간의 수면을 포함해 주당 300시간이 요구되었습니다. 그러나 한 주는 168시간에 불과합니다. 그렇다면 나는 어떤 것이 중요한지 분별해야 했습니다. 결국 최상의 것을 위해 단순히 좋은 것은 과감하게 포기해야 했습니다.

나는 이 방법을 당신에게도 적극 추천합니다.

당신이 가진 시간 동안 할 수 있는 일

매일 아침 하루 일과를 계획하고 그 계획을 실행하는 사람은, 극도로 바쁜 미로 같은 삶 속에서 그를 안내할 한 올의 실을 지니고 있는 것이다. 그러나 계획이 서지 않고 단순히 우발적으로 시간을 사용하게 된다면 곧 무질서가 삶을 지배할 것이다. -빅토르 위고

당신이 선택한 직업에 관한 지식을 넓히고 그것을 연구하는 데 날마다 몇 분을 투자한다고 가정해 보십시오.

당신이 좀 더 예의 바르고, 점잖고, 사려 깊고, 배려한다면 얼마나 더 많은 친구를 얻게 될지 생각해 보십시오.

당신이 보다 좋은 식습관을 발전시키고, 규칙적으로 운동하며, 적당한 양의 수면을 취한다면 인생이 얼마나 활기차고 에너지 넘치게 될지 상상해 보십시오.

당신이 가족과 함께 좀 더 많이 시간을 보낸다면 얼마나 행복해질 수 있는지 그려 보십시오.

당신에게는 위에서 언급한 것들을 할 시간이 아직도 여전히 많이 남아 있음을 기억하십시오. 지금 당장 시작해 보는 것은 어떨까요?

최선을 다할 시간

자신에게 주어진 시간 동안 최선을 다했던 사람은 언제나 그렇게 살았던 셈이다. -요한 폰 쉴러

한 미식축구 연맹은 승리한 팀과 패배한 팀의 차이를 연구했습니다. 최저선은 분명했습니다. 바로 노력한 시간에서 차이가 있었습니다.

평균적으로 선수들은 모든 경기에서 2분 7/10초 동안 사력을 다했습니다. 우승 팀과 꼴찌 팀은 사력을 다한 시간에서 9/10초 차이가 났습니다. 우승 팀과 준우승 팀은 5/10초 차이가 벌어졌습니다.

지속적으로 최선을 다하게 되면 당신은 승리자가 될 것입니다.

바로 지금 해야 할 일

시간은 날아다닌다. 시간의 항해사가 되는 것은 당신에게 달려 있다.
–로버트 오벤

인생의 아이러니 가운데 하나는 처음에 어떤 일을 제대로 하지 않았을 때 그 일을 다시 할 시간이 이미 지나가 버리게 된다는 점입니다. 지금이야말로 '그 일을 해야 할' 절호의 기회라고 생각할 때, 책임감을 가져야 할 대다수 사람은 그제야 그 일을 시작할 것입니다. 만약 그보다 몇 분 일찍감치 그 일을 시작했더라면 그들은 엄청난 시간과 수고스러움을 덜 수 있었을 것입니다.

"좀 더 시간이 많아지면 그 일을 할 거야."

이는 엄청난 시간이 경과하고 난 뒤에 시작할 거라는 말과 다를 바 없습니다. 이 점을 생각해 보십시오. 시간이 없다고 생각하는 바로 지금이 적기입니다. 그러니 행동하십시오. 다른 일이 발생할 때가 아니라 지금 행동하십시오.

지금, 여기에 행복이 있다

행복은 당신이 경험한 어떤 것이 아니라 당신이 기억하는 어떤 것이다. -오스카 레벤트

행복은 '언제, 어디서'가 아닙니다. 행복은 '지금, 여기'에 있습니다.

여행을 가게 된다면 당신은 행복할 것입니다. 승진을 한다면 혹은 새집으로 이사를 간다면 혹은 아이들이 학교에 입학할 때 행복을 느낄 것입니다. 또는 이와 같은 이유로부터 지금 당신은 행복해할 것입니다. 건강, 이웃, 자유, 교육, 배우자 같은 것들이 당신을 행복하게 만들 것입니다.

지금 이 순간 당신을 행복하게 하는 것들을 적어 보십시오. 그러면 당신은 지금 충분히 행복하다는 것을 깨닫게 될 것입니다. 이런 깨달음은 당신이 장차 좀 더 행복하게 살 수 있도록 해줄 기회를 극적으로 향상시킬 것입니다.

만인은 시간 앞에 평등하다

당신은 지체할 수도 있지만 시간은 그러하지 않을 것이다.
-벤저민 프랭클린

우리는 60초로 이루어진 1분, 60분으로 이루어진 1시간, 24시간으로 이루어진 하루를 보냅니다. 그 누구도 그 이상 혹은 이하의 시간을 가질 수 없습니다. 모두 한 번에 1초씩만 가는 시간 속에 살고 있는 것입니다. 결국 모든 사람은 시간 앞에 평등합니다. 이 사실 하나만으로 우리에게 가장 소중한 것은 바로 시간이라는 자명한 결론에 도달합니다.

    우리가 소유하는 것 가운데 가장 부패하기 쉽고 협상할 수 없는 상대가 바로 시간입니다. 우리는 언제나 자신을 위해서 시간을 써야 합니다. 모든 순간마다 무언가를 생산하고 발전해 나가야 합니다. 시간은 위조할 수도, 훔칠 수도, 발명할 수도 없습니다. 기억하십시오, 시간은 돌이킬 수 없습니다.

목표를 종이에 기록하면서부터 실천은 시작된다

인생의 절반은 우리가 서둘러 아끼려던 시간과 관계된 무엇인가를 찾는 데 쓰인다. -윌 로저스

계획을 수립하는 것은 무엇보다 중요합니다. 우리 중에 단 3퍼센트의 사람만 계획을 실천하며 살아가고 있습니다. 바로 이렇게 자신의 계획을 실행에 옮기는 사람들만이 그에 상응하는 보상을 받을 수 있습니다.

사람들은 목표에 대한 계획을 수립하는 데 투자할 시간조차 없다고 말합니다. 그러나 이를 바꿔 생각해 보면 계획을 세우지 않았기에 시간을 효율적으로 쓰지 못하게 되고 그로 인해 목표에 가까이 가지 못하는 게 아닐까요? 이런 사람들은 언제나 시간이 부족하다고 말해 왔고 앞으로도 계속 그들은 시간이 부족할 것입니다. 지금 당장 계획을 세우십시오. 그러면 당신에게 필요한 좀 더 많은 시간을 갖게 될 것입니다.

자유 시간에 당신은 무엇을 하고 있는가

우리 모두 우리가 진정으로 원하는 것이 있다면 그것을 할 수 있는 시간을 찾아내기 마련이다. -윌리엄 페더

오늘날 사실상 모든 대화가 가능합니다. 그럼에도 불구하고 사람들은 너무나 바쁜 나머지 더는 자유로운 시간이 허락될 것으로 기대하지 않습니다.

불행하게도 대다수 사람은 그것이 사실이라고 솔직히 믿고 있습니다. 하지만 지오프리 고드비는 이렇게 말합니다.

"사람들은 줄곧 자신이 누리는 자유 시간을 과소평가하면서 자신이 일하는 시간은 과대평가한다. 그들은 언제나 부정한다."

전문가의 말을 인용하자면, 자유 시간은 사실상 늘어나고 있습니다. 문제는 '우리가 사용하는 시간에 무슨 일이 일어나고 있는가'라는 질문입니다. 사람들은 자기가 얻어

낸 자유 시간이라는 여분의 시간에 무엇을 하고 있을까요.

그들 대다수는 금쪽같은 여분의 시간을 텔레비전을 보는 데 소비합니다. 이렇게 본다면, 우리는 분명 시간을 상실하고 있는 것이 아니라 방향을 상실하고 있는 셈입니다. 이것이 문제를 야기합니다.

내일 할 수 있는 일

과거를 애절하게 들여다보지 마라, 다시 오지 않는다. 현재를 현명하게 개선하라, 너의 것이니. 어렴풋한 미래를 나아가 맞으라, 두려움 없이. -헨리 롱펠로

당신이 어제 무엇을 했으며 오늘 무엇을 하고 있는가는 내일 당신이 무엇을 할지에 대한 훌륭한 예측 기준이 됩니다. 말하자면 본인이 의식적으로 변화하려고 하지 않는다면 당신의 과거가 미래에 대한 예측 기준이 된다는 말입니다.

내가 종종 인용하는 확신이 여기에 있습니다. 당신은 승리하기 위해 태어났습니다. 하지만 타고난 승리자가 되기 위해서 당신은 승리할 수 있는 계획을 세우고, 승리를 준비해야만 합니다. 그 뒤에 당신은 승리를 기대할 수 있습니다.

어제 했던 일을 되돌리기 위해 지금 당신이 할 수 있는 것은 아무것도 없습니다. 하지만 내일에 관해서는 많은 일을 할 수 있습니다.

당신은 오늘 최선을 다함으로써 보다 나은 내일을 보증할 수 있게 됩니다. 당신 앞에 놓인 내일을 위한 행동 지침을 발전시킨다면 보다 나은 미래가 보장될 것입니다.

2장 명언 모음

나는 때를 놓쳤고 그래서 지금은
시간이 나를 낭비하고 있는 거지 by 윌리엄 셰익스피어

우리가 진정으로 소유하는 것은 시간뿐이다. 가진 것이 달리 아무것도 없는 이에게도 시간은 있다. -발타사르 그라시안

당신이 일에 쏟아붓는 시간이 중요한 게 아니다. 중요한 것은 당신이 시간을 쏟아붓는 일 그 자체다. -샘 유잉

매일 아침 하루 일과를 계획하고 그 계획을 실행하는 사람은, 극도로 바쁜 미로 같은 삶 속에서 그를 안내할 한 올의 실을 지니고 있는 것이다. 그러나 계획이 서지 않고 단순히 우발적으로 시간을 사용하게 된다면 곧 무질서가 삶을 지배할 것이다. -빅토르 위고

자신에게 주어진 시간 동안 최선을 다했던 사람은 언제나 그렇게 살았던 셈이다. -요한 폰 쉴러

시간은 날아다닌다. 시간의 항해사가 되는 것은 당신에게 달려 있다. -로버트 오벤

행복은 당신이 경험한 어떤 것이 아니라 당신이 기억하는 어떤 것이다. -오스카 레벤트

당신은 지체할 수도 있지만 시간은 그러하지 않을 것이다.
-벤저민 프랭클린

인생의 절반은 우리가 서둘러 아끼려던 시간과 관계된 무엇인가를 찾는 데 쓰인다. -윌 로저스

우리 모두 우리가 진정으로 원하는 것이 있다면 그것을 할 수 있는 시간을 찾아내기 마련이다. -윌리엄 페더

과거를 애절하게 들여다보지 마라. 다시 오지 않는다. 현재를 현명하게 개선하라. 너의 것이니. 어렴풋한 미래를 나아가 맞으라, 두려움 없이. -헨리 롱펠로

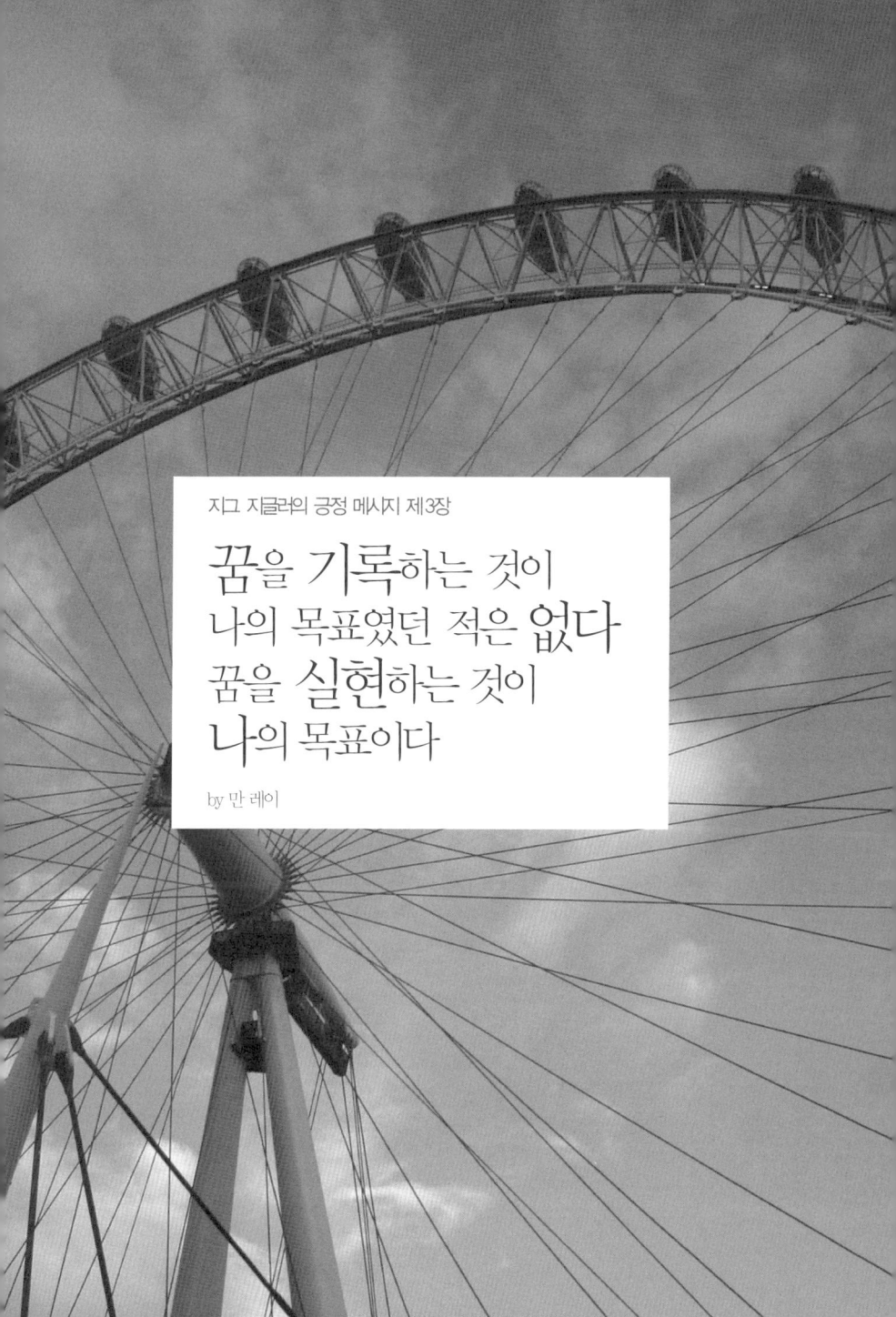

지그 지글러의 긍정 메시지 제3장

꿈을 기록하는 것이
나의 목표였던 적은 없다
꿈을 실현하는 것이
나의 목표이다

by 만 레이

방향은 실제로 기회를 창조한다

목표에 도달하는 가장 확실한 방법은 그 목표가 아니라 그 너머의 더 야심 찬 목표를 향해 나아가는 것이라는 점은 역설적이지만 참되고 중요한 인생의 원칙이다. -아놀드 토인비

목표를 명확히 하는 습관은 큰 이익을 돌려줍니다. 그중 가장 큰 이익은 삶의 방향을 잡을 수 있는 자유를 얻는 것입니다. 목적이 명확히 정의되고 지혜롭게 설정되면 새로운 것을 만들 기회를 얻게 됩니다. 이 자유는 창조성을 담당하는 오른쪽 뇌를 가장 이상적인 상태로 만들어 줍니다.

즉 목표가 확실한 사람은 컨디션이 최상인 운동선수와 같습니다. 완벽한 훈련과 승부에 대한 굳은 의지력이 창조적 플레이를 만들어내는 자유의 바탕입니다. 그는 어떤 경우에도 능동적으로 자신의 경기를 만들어내는 능력을 가진 것입니다. 방향은 뇌가 창조적이고 혁신적으로 사고할 수 있는 기회와 자유를 제공합니다. 오늘 당신은 어느 방향으로 향하고 있습니까?

누구도 탓하지 않고 변명하지 않고

"그건 할 수 없어"라는 말을 들을 때마다 나는 성공이 가까웠음을 안다. -마이클 플래틀리

내 관점에서 본다면 진정한 '아름다움을 갖춘 사람'은 일상에서 만나는 평범한 사람들입니다. 나는 믿을 수 없을 정도의 장애를 안고도 그것을 딛고 성공한 사람들을 여럿 만나왔습니다. 그들은 어떤 패배 의식도 단호히 거부했습니다. 스스로의 힘과 노력으로 행복하고 성공적인 삶을 창조해낸 것입니다. 그들의 이야기는 우리가 접할 수 있는 가장 아름다운 이야기입니다.

한 사람도 예외 없이, 장애를 극복한 사람은 자신의 목표를 성취하고자 하는 열망과 강한 도전 정신의 소유자입니다. 이들처럼 굳은 의지를 갖는다면 다른 사람을 탓하거나 변명을 늘어놓을 필요가 없습니다. 오직 스스로의 능력을 믿고 당신의 길을 간다면 성공의 열매를 맛볼 것입니다.

경로에서 이탈했을 때 당신의 선택은?

무엇을 시작하기 전에, 예측할 수 없는 어려움과 지연이 기다리고 있다는 점을 기억하라. 이를 분명히 볼 수 있다면 당연히 이를 제거할 수 있겠지만 우리는 그럴 수 없다. 당신은 단 한 가지만을 분명히 볼 수 있고, 그것은 당신의 목표다. 머릿속에 목표에 대한 비전을 구상하고 어떤 고난이 있어도 그것을 고수하라. -캐슬린 노리스

오후 5시 15분에 출발하기로 되어 있던 비행기가 어쩔 수 없는 사정으로 6시 3분이 지나서야 이륙할 수 있었습니다. 그런데 20분 정도 지났을 때 강한 기류의 영향으로 기체가 많이 흔들렸고 항로에서 조금 이탈하게 되었습니다. 기장은 항로를 조정했고 다시 순항할 수 있었습니다.

이 일화에서 주목할 점은 비행기 항로에서 이탈했을 때 기장은 기수를 돌리지 않았다는 것입니다. 이처럼 당신도 목표를 향해 나아갈 때 언제나 그 경로에서 약간의 조정을 대비해야 합니다.

장애물이 나타나면 목표 지점에 이르기 위한 결심은 바꾸지 말고 그 지점에 이르는 방향만 조정하면 됩니다.

상황을 알면 방법이 보인다

명확히 설정된 목표가 없으면, 우리는 사소한 일상을 충실히 살다 결국 그 일상의 노예가 되고 만다. −로버트 A. 하인라인

무슨 일이 일어났는지, 왜 그런 일이 일어났는지, 어떻게 그 정보를 자기에게 유리하게 사용할 수 있는지 알고 있는 사람은 상당히 뛰어난 성과를 일궈냅니다.

'왜'라는 이유를 알게 되면, '어떻게'라는 방법을 고려할 수 있게 되며, 왜 결과가 좋지 않은지에 대해 돌아볼 때도 스스로 자기 비하하는 경향을 줄일 수 있게 됩니다.

인생에서 무슨 일을 하든 상관없이 당신이 원하는 것이 무엇이며, 그 목적에 도달하기 위해 어떤 행동 계획을 세워야 하는지 안다면 당신이 세운 목표가 무엇이든 간에 그것에 도착할 확률은 훨씬 더 높습니다.

성공에 대한 당신의 결심은 정말 확고한가?

어떤 사람들만 의지가 있고 다른 사람들은 의지가 없는 게 아니다.
변화할 준비가 된 사람과 그렇지 않은 사람이 있을 뿐이다.
-제임스 고든

성공을 이룬 사람과 실패한 사람에게는 아주 분명한 차이가 있습니다. 무언가를 성취한 사람은 어떤 어려움에도 자신의 꿈 자체를 포기하거나 목표 달성의 의지를 저버리는 일이 없습니다. 반면 꿈을 이루는 데 실패한 사람은 능력이 부족해서가 아니라 확고한 자기 결심이 모자랐기 때문인 경우가 많습니다.

    강력한 의지력은 열정적이고 끊임없는 노력을 만들어냅니다. 그리고 결국 그것은 큰 보상으로 이어집니다.

    성공을 위해 어떤 과제도 해내겠다는 결심이 서지 않는 한 당신은 결코 자신이 무엇을 할 수 있는지도 깨닫지 못할 것입니다.

당신의 운명은 희망의 크기에 의해 한정된다

대부분의 사람이 자신이 설정한 목표를 결코 달성하지 못하는 이유는 목표를 명확히 정의하지 않았거나, 그 목표를 이룰 수 있을 것이라는 믿음을 갖지 않았기 때문이다. 승자들은 자신이 어디로 가고 있는지, 그 길을 가면서 무엇을 할 계획인지, 그 모험을 누구와 함께 할 것인지 말할 수 있다. -데니스 웨이틀리

존 존슨은 아칸소 주 아칸소 시티에서 자랐습니다. 이 아칸소 주가 지리학적으로 세계의 중심이 된다는 사실을 알고 있습니까? 이곳에서 출발하여 어디로든 갈 수 있습니다. 이곳으로부터 갈 수 있는 최대 거리가 1만 2,000마일은 됩니다. 존슨은 자기가 태어난 엉성한 양철집에서 불과 2,000마일이 넘는 지점까지 갔습니다. 그러나 그는 시카고의 고급 주택지 골드 코스트와 캘리포니아의 팜 스프링스에 있는 유명 코미디언의 이웃에도 살 수 있을 정도로 나아갔습니다. 즉, 미국에서 400위 안에 드는 부자가 된 것입니다.

당신 역시 어디에 살든, 지리적으로 이 세상의 중앙이든 아니든 관계없이 운이 좋은 사람입니다. 지금 있는 곳에서 원하는 어떤 곳으로든 갈 수 있기 때문입니다.

중요한 것은 인생의 출발선이 아니라
마지막 도달 지점이다

극복할 장애와 성취할 목표가 없다면 우리는 인생에서 진정한 만족이나 행복을 찾을 수 없다. －맥스웰 몰츠

루스벨트, 처칠, 헬렌 켈러, 테레사 수녀, 슈바이처, 마틴 루터 킹 등 300명의 세계적인 지도자 가운데 25퍼센트가 장애인이란 것을 알고 있습니까? 또한 이들 중 50퍼센트는 어린 시절 학대를 받았거나 가난한 환경에서 성장했습니다. 그럼에도 이 지도자들은 그들의 환경에 순종한 것이 아니라 적극적으로 대처해 나간 것입니다.

닐 루덴스타인의 아버지는 감옥 경비원이었으며 어머니는 시간제 웨이트리스였습니다. 닐 박사는 하버드 대학의 26대 총장입니다. 그는 아주 어린 시절 인생의 실천과 보상의 직접적인 상호 관계를 알았다고 이야기합니다. 이들 300명의 세계적인 지도자들은 인생을 어디에서 시작하는지가 아니라 어디에서 끝내야 하는지 깨달았던 것입니다.

어리석음이란, 똑같은 방법으로 행동하고 다른 결과를 얻을 수 있다고 믿는 것이다

무엇을 하든 제대로 하라. 건성으로 말고 철저히 하라. 일의 근본을 살피라. 내가 보기에는 절반만 한 것이나 절반만 알게 된 것은 결코 제대로 한 것도, 아는 것도 아니다. 아니, 종종 틀린 길로 이끌기 때문에 더 나쁘다. —체스터필드 경

당신에게 몇 가지 질문을 드리겠습니다. 이 질문들은 당신에게 위안과 용기를 주기 위한 것입니다.

당신이 인생의 목표를 이루지 못할 가능성은 얼마입니까? 가능성이 적다면 당신이 충분한 능력을 가지고 있지 못하기 때문입니까 아니면 당신이 가지고 있는 조건이 목표와는 거리가 멀기 때문입니까? 혹시 지금까지 잘못된 삶의 행동 계획을 가지고 있던 것은 아닙니까?

지금 당신은 선택의 기로에 있습니다. 하나는, 현재까지 살아오던 방식대로 계속 사는 것입니다. 즉 앞으로도 과거와 똑같은 결과를 얻는다는 뜻입니다. 또 하나는, 새로운 방향으로 나아가는 것입니다. 이는 지금까지 당신이 틀린 것이 있었음을 인정하고 다른 길로 가는 것을 의미합니다.

볼 수 있는 데까지 최대한 멀리 가라
그곳에 이르면 더 멀리 볼 수 있다

멀리 가는 위험을 감수하는 자만이 얼마나 멀리 갈 수 있는지 알 수 있다. -T. S. 엘리엇

멀리 본 목표가 없다면 순간적인 좌절에도 압도당할 것입니다. 그 이유는 간단합니다. 당신만큼 당신의 성공에 관심이 있는 사람은 아무도 없습니다. 때때로 누군가가 당신 앞에 서서 끊임없이 길을 막는다고 느낄지도 모릅니다. 그러나 실제로 길을 막아선 가장 큰 사람은 바로 당신 자신입니다.

경우에 따라 당신의 통제를 벗어난 상황들이 일어날 때가 있습니다. 당신에게 긴 안목의 목표가 없다면 그런 일시적인 난관이 심각한 혼란으로 다가올 것입니다. 하지만 한 번의 후퇴는 방해물이 아니라 디딤돌이 될 수도 있습니다. 바로 장기적인 목표가 있다면 말입니다.

집을 나서기 전에 모든 신호가 파란불이 될 때까지 기다린다면 정상으로 가는 여행은 시작조차 못할 것입니다.

올바른 삶의 방향과
인생의 성과는 정비례한다

확실한 목표의 견고함은 가장 필수적인 인격의 기반 중 하나며, 성공하기 위한 최고의 도구 중 하나다. 목표의 견고함이 없다면 천재는 모순의 미로 속에서 노력을 낭비하게 된다. -필립 도머 체스터필드

캘리포니아 의과대학의 데이비드 젠슨 교수는 한 세미나 참가자들을 두 그룹으로 나누었습니다. 즉 자신의 인생 목적과 세부적인 계획을 가지고 있는 사람들과 어떤 구체적인 목표도 실천도 없는 사람들로 분류한 것입니다.

삶의 목표를 가지고 있는 첫 번째 그룹은 그렇지 않은 이들에 비해 평균적으로 2배의 연봉을 받고 있었습니다. 또 모든 일에 능동적이고 적극적이며, 생활과 직업에 만족하고 있었습니다. 결혼 생활도 행복하고 건강도 최상이었습니다.

젠슨 박사는 이러한 결과가 지난 20년 동안 진행된 연구 내용과 일치한다고 말합니다. 즉, 뚜렷한 목표를 가진 사람은 모든 분야에서 탁월한 성과를 이루어내고 있습니다.

지금 당신의 목표는 무엇입니까?

목표를 세분화하라, 시간을 알맞게 배분하라 그러면 모든 것이 달라질 것이다

앞서 가는 방법의 비밀은 시작하는 것이다. 시작하는 방법의 비밀은 복잡하고 과중한 작업을, 다룰 수 있는 작은 업무로 나누어, 그 첫 번째 업무부터 시작하는 것이다. —마크 트웨인

위대한 사람들이 있습니다. 그리고 위대함의 근처까지 간 사람들이 있습니다. 이 차이는 무엇일까요?

'매일매일 목표를 향해 정진할 수 있느냐, 없느냐?'

이것이 문제라고 나는 생각합니다.

보디빌딩을 하는 사람들은 멋진 몸을 만들기 위해 하루하루 조금씩 근육을 키우고 다듬어야 한다는 것을 알고 있습니다.

마찬가지로, 아이들을 올바르게 양육해 온 부모들은 실생활에서 모범을 보이는 것만이 자식을 위한 진정한 사랑이자 올바른 인성 교육이 된다는 것을 인식하고 있습니다.

생활의 목표는 인격의 가장 좋은 척도입니다. 헌신성, 자제력, 의지력이 모여 하나의 성과를 이루어냅니다. 오늘

의 작은 노력이 모여 당신의 꿈도 운명이 됩니다.

거대한 코끼리 고기도 한 번에 한 입씩! 어떻습니까? 할 수 있겠지요? 목표를 잘게 부수십시오! 당신의 웅대한 목표가 손에 닿을 것입니다.

용감하게 난국과 맞서다

호기심이 많은 사람들만이 배우고, 결단력이 있는 사람들만이 장애를 극복하는 법을 배운다. 탐구 지수는 언제나 지능 지수보다 나를 더욱 흥분시킨다. —유진 윌슨

불변의 법칙 가운데 하나에 의하면, 휴식하고 있는 몸은 언제까지나 쉬려는 경향이 있어 어떤 힘이 작동하지 않는 한 그 상태를 유지하려고 한다는 것입니다. 여기서 '어떤 힘'이란 내부적인 혹은 외부적인 것일 수 있습니다.

만약 우리가 외부적인 힘만 기다린다면, 결코 그런 힘은 발생하지 않을 수도 있습니다. 그렇기에 "용감하게 난국과 맞서다"라는 속담이 필요한 것이 아닐까요.

기회를 포착하고, 행동 계획을 발전시키고, 인생으로부터 무엇을 원하는지 결정하십시오. 그다음 그 일이 일어날 때까지 계획을 세워 추진하십시오. 당신이 설정한 객관적 목표를 성취하지 못하더라도, 마냥 기다리고 있을 때보다는 적극적으로 추구할 때 우리는 훨씬 좋아질 수 있습니다.

직장에서의 성공은
직장 밖에서 노력하기 나름이다

게으름 피울 수 있을 만큼 똑똑하지 못한 것을 포부가 높기 때문이라고 변명할 수 없다. -에드가 버젠

로리 매저스는 고등학교 과정도 채 마치지 못하고 사회생활을 시작했습니다. 하지만 학업을 계속해야 한다는 것을 분명히 이해하고 있었습니다. 로리는 독서광이며 어휘 실력이 상당했습니다. 그녀는 수년간 꾸준히 정규 강좌를 듣고 세미나에 참석하고 있습니다.

회사의 주요 사원을 대상으로 한 평가에서 로리는 석사학위 소지자들보다 평균 성적이 높습니다. 그녀는 직장과 직장 밖에서 끊임없이 교육에 매진했기 때문에 회사에서 안정된 위치를 확고히 차지하게 되었습니다. 이것은 회사로서도 고무적인 일입니다.

지금 이 책은 당신이 올해 읽는 몇 번째의 책입니까? 그리고 다음 한 해 몇 권을 읽을 계획인가요?

3장 명언 모음

꿈을 기록하는 것이 나의 목표였던 적은 없다
꿈을 실현하는 것이 나의 목표이다 by 만 레이

목표에 도달하는 가장 확실한 방법은 그 목표가 아니라 그 너머의 더 야심 찬 목표를 향해 나아가는 것이라는 점은 역설적이지만 참되고 중요한 인생의 원칙이다. -아놀드 토인비

"그건 할 수 없어"라는 말을 들을 때마다 나는 성공이 가까웠음을 안다. -마이클 플래틀리

무엇을 시작하기 전에, 예측할 수 없는 어려움과 지연이 기다리고 있다는 점을 기억하라. 이를 분명히 볼 수 있다면 당연히 이를 제거할 수 있겠지만 우리는 그럴 수 없다. 당신은 단 한 가지만을 분명히 볼 수 있고, 그것은 당신의 목표다. 머릿속에 목표에 대한 비전을 구상하고 어떤 고난이 있어도 그것을 고수하라. -캐슬린 노리스

명확히 설정된 목표가 없으면, 우리는 사소한 일상을 충실히 살다 결국 그 일상의 노예가 되고 만다. -로버트 A. 하인라인

어떤 사람들만 의지가 있고 다른 사람들은 의지가 없는 게 아니다. 변화할 준비가 된 사람과 그렇지 않은 사람이 있을 뿐이다.
-제임스 고든

대부분의 사람이 자신이 설정한 목표를 결코 달성하지 못하는 이유는

목표를 명확히 정의하지 않았거나, 그 목표를 이룰 수 있을 것이라는 믿음을 갖지 않았기 때문이다. 승자들은 자신이 어디로 가고 있는지, 그 길을 가면서 무엇을 할 계획인지, 그 모험을 누구와 함께 할 것인지 말할 수 있다. -데니스 웨이틀리

극복할 장애와 성취할 목표가 없다면 우리는 인생에서 진정한 만족이나 행복을 찾을 수 없다. -맥스웰 몰츠

무엇을 하든 제대로 하라. 건성으로 말고 철저히 하라. 일의 근본을 살피라. 내가 보기에는 절반만 한 것이나 절반만 알게 된 것은 결코 제대로 한 것도, 아는 것도 아니다. 아니, 종종 틀린 길로 이끌기 때문에 더 나쁘다. -체스터필드 경

멀리 가는 위험을 감수하는 자만이 얼마나 멀리 갈 수 있는 지 알 수 있다. -T. S. 엘리엇

확실한 목표의 견고함은 가장 필수적인 인격의 기반 중 하나며, 성공하기 위한 최고의 도구 중 하나다. 목표의 견고함이 없다면 천재는 모순의 미로 속에서 노력을 낭비하게 된다. -필립 도머 체스터필드

앞서 가는 방법의 비밀은 시작하는 것이다. 시작하는 방법의 비밀은 복잡하고 과중한 작업을, 다룰 수 있는 작은 업무로 나누어, 그 첫 번째 업무부터 시작하는 것이다. -마크 트웨인

호기심이 많은 사람들만이 배우고, 결단력이 있는 사람들만이 장애를 극복하는 법을 배운다. 탐구 지수는 언제나 지능 지수보다 나를 더욱 흥분시킨다. -유진 윌슨

게으름 피울 수 있을 만큼 똑똑하지 못한 것을 포부가 높기 때문이라고 변명할 수 없다. -에드가 버겐

지그 지글러의 긍정 메시지 제4장

힘은 만성적 두려움과 만날 때 무지막지해진다

by 에릭 호퍼

죽음을 부른 당신의 생각들

때때로 우리 모두는 부정적인 사고 자체에 힘이 있는 것은 아니라는 점을 깨달을 필요가 있다. 우리 자신이 부정적인 사고에 힘을 실어주고 있는 것이다. -커트 고드

나는 한 떠돌이 노동자의 이야기를 좋아합니다.

황혼 무렵, 한 떠돌이 노동자가 역무원 몰래 기차에 무임승차를 했습니다. 그런데 잠시 후 누군가 그 노동자가 타고 있던 칸의 문을 걸어 잠갔습니다. 그제야 노동자는 자신이 냉동 칸에 올라탔다는 것을 알게 되었습니다. 그는 너무나 걱정스러웠습니다. 노동자는 냉동 칸의 기온이 점점 내려간다고 생각했고, 그의 상상력은 더욱 부풀어졌습니다. 마침내 그는 덜덜 떨기 시작했습니다.

다음 날 냉동 칸에서 떠돌이 노동자의 시체가 발견되었습니다. 흥미로운 사실은, 어젯밤 동안 냉동 칸의 최저 온도는 섭씨 13도에 불과했다는 것입니다.

결코 희망이 없다고 장담할 수 있는가

용서는 용서할 수 없는 것을 용서하는 것이다. 신앙은 믿을 수 없는 것을 믿는 것이다. 희망은 희망이 없을 때 희망하는 것을 의미한다.
-G. K. 체스터턴

래리 토머스는 댈러스의 라이프 파운데이션 디렉터로서 열정적인 사람입니다. 그가 속한 단체는 거리의 노숙자를 돕는 데 헌신하고 있습니다. 래리는 이렇게 말합니다.

"한때 나는 모든 노숙인에게 필요한 것은 기술을 배우거나 혹은 직업을 갖는 것이라고 믿었다. 하지만 경험한 바에 의하면 그들을 돕는 최선의 방법은 희망을 갖도록 북돋우는 것임을 깨닫게 되었다."

자신의 문제가 영원히 지속될 것이며, 절대 풀 수 없다고 믿는 사람은 무엇이든 쉽게 포기하게 될 것입니다. 이건 개인 내부의 문제이지 기술의 문제가 아닙니다. 반면 자신의 문제가 일시적이고 특수한 것이라고 믿는다면, 미래를 낙관하고 문제점을 극복하고자 계속 노력할 것입니다.

다른 사람을 변화시키는 최선의 방식은 우리 자신을 변화시키는 것이다

변명에 능숙한 사람치고 자기 일에 정말로 능숙한 사람은 결코 없는 법이다. —벤저민 프랭클린

나의 멘토이자 사업가인 프레드 스미스는 이렇게 말합니다.

"당신이 살아온 방식이 바로 당신입니다. 왜냐하면 그 방식이야말로 당신이 원한 것이었으니까요. 당신이 진정 다른 방식으로 살기 원했다면 지금쯤 충분히 변화하는 과정 중에 있을 테니까요."

프레드는 내가 알고 있던 사람들 중에서 가장 현명하고 지혜로운 사람이며, 지혜와 상식을 적절히 조화시키는 사람입니다. 그는 고유한 유머 감각과, 다른 사람들이 자기 목표를 달성할 수 있도록 기꺼이 도움을 주려는 의지를 갖고 있습니다. 그는 종종 힘들기는 하지만, 우리가 성공하려면 혹은 성공보다 일단 생존 차원에서라도, 변화는 인생에 있어 필수 불가결한 요소 중 하나라고 지적합니다.

진정한 의미의 강점

어떤 문제에 직접 뛰어들었다고 해서 늘 그 문제가 해결되는 것은 아니다. 그러나 문제에 직접 맞서지 않고서는 절대로 그 문제를 해결할 수 없다. -제임스 볼드윈

자신의 단점을 인정하는 것은 진정한 의미의 강점입니다. 우리 모두는 어떤 부분에서건 취약점을 가지고 있습니다. 현명하고 용기 있는 사람은 자신의 단점과 취약한 점을 솔직히 인정합니다.

포르노에 탐닉했다가 그것을 극복한 친구가 있습니다. 자신의 단점을 인식한 그 친구는 그 이후로는 피부색 비슷한 것만 봐도 도망을 칩니다. 만약 그 친구를 이상야릇한 곳에 놓아두거나 유혹적인 장면을 보여준다고 하더라도 그는 즉시 자리를 피할 것입니다. 그것이 현명한 것입니다.

당신에게 약점이 있다면 그것을 인정할 수 있도록 강해지십시오. 그리고 어떤 경우에도 흔들리지 말도록 도움을 받으십시오.

단순히, 간단히 해결책 찾기

수색영장 없이는 상식을 발견할 수 없는 시대다. −조지 F. 윌

인생에서 우리가 마주하게 되는 대부분의 문제는 그와 관련된 것에 대해 조용히 그리고 단순한 상식적인 질문 혹은 관찰을 통해 쉽게 해결할 수 있습니다.

누군가에게 도움을 청하는 경우, 대부분 해결책은 우리 소매 끝에 있습니다. 우리 수중에 있는 셈입니다.

이 점을 생각해 보십시오. 성급한 결론으로 뛰어가지 말고 단순한 단계를 취해 보다 간단히 질문함으로써 문제의 핵심으로 나아가십시오. 그러면 많은 경우 해결책을 발견하게 될 것입니다.

언제나 문제의 해결은 당신에게 달려 있다

나이가 들수록 해 보지 않았던 것에 대해서만 후회한다는 것을 발견하게 될 것이다. -재커리 스코트

'두려움' 이야말로 당신의 재능을 막는 가장 큰 원인입니다. 많은 사람이 실패가 단순한 사건에 불과하다는 것을 이해하지 못합니다. 그래서 모든 일에 안전만을 추구하거나 아무것도 하지 않기로 결정합니다. 즉 그들은 도전하지 않기 때문에 실패할 수도 없습니다.

앞으로 당신이 듣게 될 가장 슬픈 말 가운데 하나는 바로 이런 것일 수도 있습니다.

"그때 그렇게 했었어야 했는데……."

연설가인 비키 히츠게스는 이 말을 다른 방법으로 바꿔 묻습니다.

"당신이 인생을 돌아보게 되었을 때 '나는 그렇게 하지 못해서 대단히 후회하고 있어.' 라고 말하고 싶은가. 아니면

'내가 그때 그렇게 해서 지금 더없이 기뻐.'라고 이야기하고 싶은가?"

실천과 도전의 성공의 원칙을 따르면 당신은 훗날 삶을 돌아보고 자신 있게 말할 수 있습니다.

"나는 그때 그렇게 행동했기에 지금 행복해."

당신은 이제 선택해야 합니다.

받아들이는 것과 체념은 다르다

우리의 비평가들은 우리의 친구들이다. 그들은 우리에게 우리의 잘못을 보여주기 때문이다. -벤저민 프랭클린

일반적으로 볼 때 비평가를 기념하기 위해 세워진 동상은 거의 없었습니다. 이 점은 사실입니다. 하지만 비평가들은 우리 사회에서 중요한 역할을 담당합니다. 그들은 만일 친구라면 거의 할 수 없는 것을 우리를 위해 해주기 때문입니다. 그들은 우리의 약점과 단점을 지적합니다. 때로 우리는 자신의 단점과 약점을 의식하지 못하는데 비평가들은 그것을 알아채도록 도와줍니다.

우리는 그런 비판에 의지할 수 있습니다. 노력하는 분야와 상관없이 중요한 일을 하는 사람은 누구든지 비판을 받게 될 것입니다. 어떻게 비판을 다루느냐에 따라 성공이 결정된다 해도 과언이 아닙니다.

그렇지만 타인의 비판에 흔들려 마음이 산란해져서는

안 됩니다. 기억하십시오. 어떤 사람에게 성공의 맛은 오로지 다른 사람을 씹는 데 있다는 사실을 말입니다.

비판, 비난을 어떻게 받아들이느냐에 따라 성공에 도움이 됩니다. 하지만 그 말에 흔들리지는 마십시오.

제이 레노식 접근법

가능성의 바다는 엄청나게 유혹적인 것이기도 하지만 동시에 대단히 위협적인 것이기도 하다. 우리들 대다수에게 문제는 잠재력 결핍 때문이 아니라 인내의 부족 때문이다. 그것은 좋은 점을 가지지 못했기 때문이 아니라 나쁜 점을 귀 기울여 듣고자 하지 않기 때문이다.
-제이 스트랙

제이 레노식 접근은 내가 좋아하는 방식입니다.

그는 자니 카슨 후임으로 〈투나잇 쇼〉의 진행을 맡게 되면서 매운맛을 보게 되었습니다. 비평가들은 자니와 그를 비교하며 그다지 우호적이지 않았습니다. 모든 비판을 종합해 보건대, 그가 그 자리에 얼마 머물지 못할 거라는 의견이 지배적이었습니다.

제이는 결코 걱정하지 않았습니다. 그는 영감과 자극을 얻기 위해 온갖 불쾌한 평들을 책상 위에 잔뜩 쌓아놓았습니다.

어떤 비평가는 '너무 가벼운 질문을' 한다고 비판하는가 하면, 다른 비평가는 '기분 좋은 말만 한다'고 비판했습니다. 이처럼 불친절한 발언들이 레노의 심기를 불편하게 하지는 않았습니다. 왜냐하면 그들은 1962년에 잭 파가 자니 카슨으로 교체되었을 때도 비슷한 말들을 퍼부었기 때문입니다.

"'멍청하고 무명인 자니 카슨'이 〈투나잇 쇼〉를 진행하다니!"

그 무수한 비판의 말들 말입니다.

뛰어난 사람들에게는 한 가지 공통점이 있다

두려움만큼 사람에게서 생각하고 행동하는 힘을 효과적으로 빼앗아 가는 감정은 없다. -에드먼드 버크

미국의 남부 댈러스로부터 동부 보스턴까지 대륙을 횡단해 자동차로 여행을 한다고 생각해 봅시다. 만약 어떤 방향 표시나 지도, 신호도 없이 차를 운전해야 한다면 우리는 극도의 공포감을 가질 것입니다. 그러다 올바른 방향과 정확한 지도 그리고 명확한 도로표지를 만나게 되면 모든 두려움은 사라지게 됩니다. 실제로, 아주 극소수의 사람들만이 어떤 지도나 방향 표시 없이 여행에 도전을 합니다.

그러면 인생이라는 고속도로에서는 어떻습니까? 자신의 방향을 알려주는 구체적인 목표를 가지고 있는 사람들이 많습니까? 대다수의 사람은 삶이 가져다주는 여러 가지 파편 속에서 방황하다 인생을 마감해 버립니다.

칼 메닝거 박사는 말합니다.

"두려움은 우리에게 교육되어질 수도 있고, 우리가 희망한다면 제거할 수도 있다."

또 제임스 알렌은 이렇게 이야기합니다.

"의심과 두려움을 정복한 사람은 실패를 정복한 사람이다."

뛰어난 사람들에게는 한 가지 공통점이 있습니다. 바로 절대적인 목표 의식의 소유자라는 것입니다. 목표가 뚜렷한 사람은 두려움을 제거하고, 미래를 희망하며 꿈을 좇습니다.

문제 될 것은 무엇인가

우리가 맞닥뜨린 중요 문제들은 우리가 문제를 만들어냈을 때와 같은 수준에선 풀리지 않는다. -알베르트 아인슈타인

문제를 해결한 사람들은 생존하고 번영하게 된 사람들입니다. 문제를 해결하면 할수록 회사와 고객에게 우리의 가치가 점점 커지게 될 것이며 보상 또한 높아지게 될 것입니다.

최고로 인정받는 사람은 문제를 해결할 수 있는 능력이 있을 뿐 아니라, 문제가 발생하기 전에 사전에 예방하는 능력과 예지력을 가지고 있는 사람입니다. 장차 문제의 소지가 있는 것에 대해 주의 깊게 생각하십시오. 그다음 진로를 변경하십시오. 문제가 발생하기 전에 해결하도록 하십시오. 그러면 당신은 보상을 받게 될 것입니다.

보다 나은 세상으로 변화시키기 위해 노력할 때 당신은 자기 주변의 세계에 완벽하게 자리 잡게 됩니다.

4장 명언 모음

힘은 만성적 두려움과 만날 때 무지막지해진다 by 에릭 호퍼

때때로 우리 모두는 부정적인 사고 자체에 힘이 있는 것은 아니라는 점을 깨달을 필요가 있다. 우리 자신이 부정적인 사고에 힘을 실어주고 있는 것이다. -커트 고드

용서는 용서할 수 없는 것을 용서하는 것이다. 신앙은 믿을 수 없는 것을 믿는 것이다. 희망은 희망이 없을 때 희망하는 것을 의미한다. -G. K. 체스터턴

변명에 능숙한 사람치고 자기 일에 정말로 능숙한 사람은 결코 없는 법이다. -벤저민 프랭클린

어떤 문제에 직접 뛰어들었다고 해서 늘 그 문제가 해결되는 것은 아니다. 그러나 문제에 직접 맞서지 않고서는 절대로 그 문제를 해결할 수 없다. -제임스 볼드윈

수색영장 없이는 상식을 발견할 수 없는 시대다. -조지 F. 윌

나이가 들수록 해 보지 않았던 것에 대해서만 후회한다는 것을 발견하게 될 것이다. -재커리 스코트

우리의 비평가들은 우리의 친구들이다. 그들은 우리에게 우리의 잘못을 보여주기 때문이다. -벤저민 프랭클린

가능성의 바다는 엄청나게 유혹적인 것이기도 하지만 동시에 대단히 위협적인 것이기도 하다. 우리들 대다수에게 문제는 잠재력 결핍 때문이 아니라 인내의 부족 때문이다. 그것은 좋은 점을 가지지 못했기 때문이 아니라 나쁜 점을 귀 기울여 듣고자 하지 않기 때문이다.
-제이 스트랙

두려움만큼 사람에게서 생각하고 행동하는 힘을 효과적으로 빼앗아 가는 감정은 없다. -에드먼드 버크

우리가 맞닥뜨린 중요 문제들은 우리가 문제를 만들어냈을 때와 같은 수준에선 풀리지 않는다. -알베르트 아인슈타인

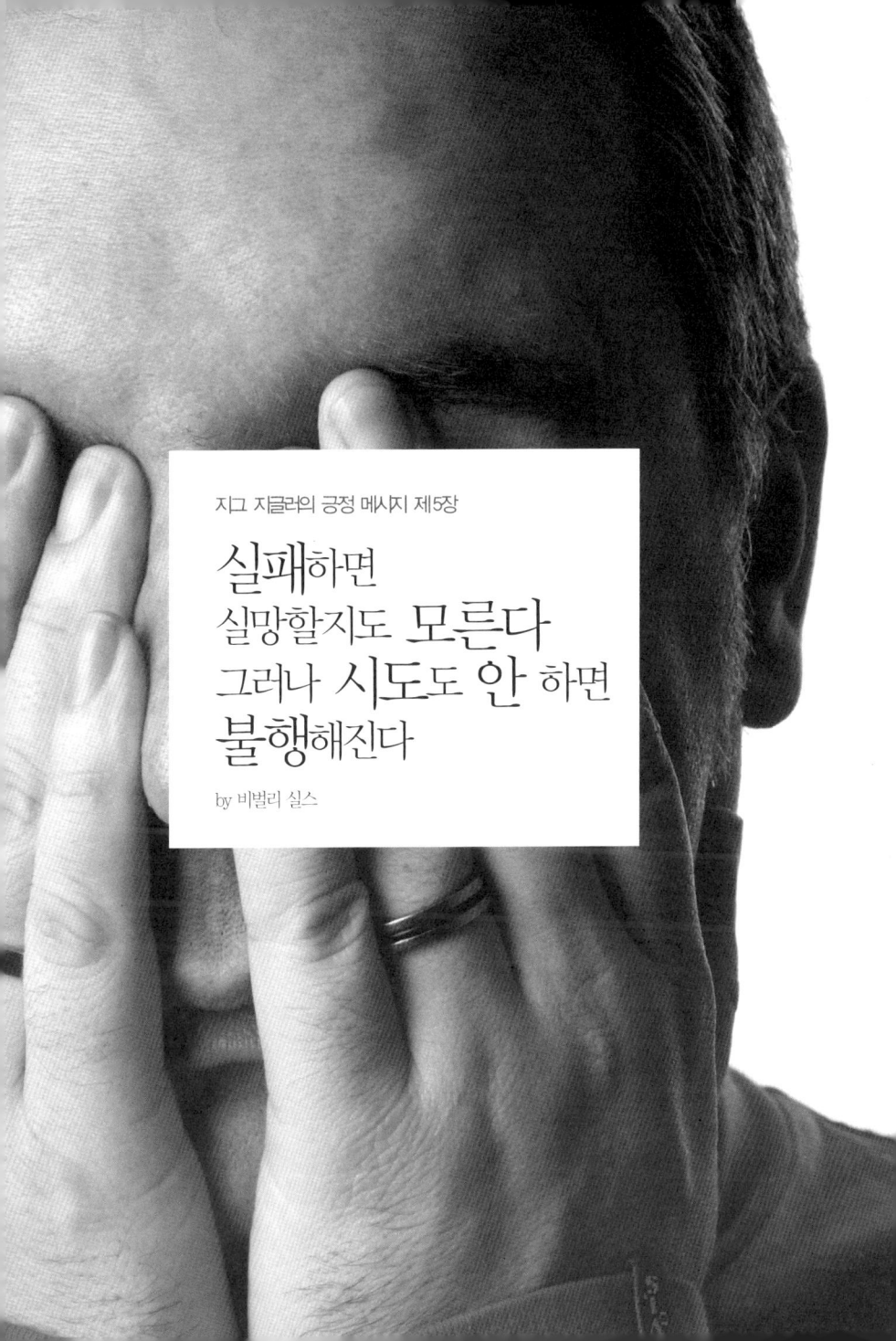

지그 지글러의 긍정 메시지 제5장

실패하면 실망할지도 모른다 그러나 시도도 안 하면 불행해진다

by 비벌리 실스

한 번의 패배로부터 교훈을 얻는다면
당신은 진정 실패한 것이 아니다

실패는 우리가 어떻게 실패에 대처하느냐에 따라 정의됩니다.
-오프라 윈프리

어느 누구도 한 번 넘어지거나 실망한다고 실패한 것이 아닙니다. 진짜 실패하는 것은 주저앉거나 부정적으로 변했을 때입니다. 실패가 당신으로부터 무언가 빼앗아 가고 약간은 주춤하게 만드는 것은 당연한 일입니다. 이는 당신이 패배하기 싫어한다는 걸 보여주는 것이고, 이기고자 하는 데 열정적으로 관심이 있음을 증명하는 것입니다.

   나는 실패에 대한 당신의 내적인 반응을 이야기하고 있습니다. 내가 원하는 것은 당신보고 토라져 있거나 화를 내라는 뜻이 아닙니다. '담대하고 성숙하게 패배의 교훈을 되씹고 새로운 기회를 찾아 도전하라!' 이것이 나의 요지입니다. 저기 승리자의 월계관을 쓴 당신의 모습이 보이지 않습니까?

큰사람은 실수하지 않는 사람이 아니라
자신이 저지른 실수보다 큰일을 한 사람이다

실수는 발견의 시작이다. -제임스 조이스

많은 '사고'는 사실상 사고가 아니라 전혀 예기치 않은 결과를 초래한 여러 희한한 일련의 상황으로 초래된 '사건'일 따름입니다. 이 모든 사건의 핵심은 사태를 수용하며 열린 마음으로 받아들이는 자세에 있습니다.

어떤 결과가 예상과 다르게 나타났다고 해서 그것이 잘못되었거나 망한 것은 아닙니다. 가치 있고 즐거운 여러 맛을 내는 조리법은, 다양한 요소를 혼합해 여러 번 '엉망으로 망친' 끝에 새로운 맛이 탄생하는 법입니다.

완전히 망했다 싶어도 그것을 세밀하게 살펴보십시오. 실수를 없던 것으로 만들 수는 없지만 그것을 세밀하게 분석함으로써 그로부터 어떤 성과물을 이끌어낼 수 있을지 누가 알 수 있을까요!

실수를 인정하라, 실수로부터 배워라
하지만 실수를 곱씹고 있지는 마라

실수를 부끄러워하지 마라. 실수를 부끄러워하면 그것이 죄가 되느니라. —공자

현재 무엇을 하고 있는지, 어디 있는지에 따라 당신이 어떤 존재인지 말할 수 있습니다. 당신이 결정한 선택 혹은 자신을 위해 행한 모든 일 때문입니다. 사고는 일어나기 마련이며, 비난도 받기 마련입니다. 하지만 그것들은 반드시 수반되는 것이 아니라 당신 인생의 하나의 예외일 뿐입니다.

한 젊은 여성이 2번이나 결혼에 실패한 것을 한탄하며 자신을 비하했습니다. 나는 그녀에게 말해주었습니다.

"당신은 수천 번의 탁월한 선택을 했으며 그중 단 두 번의 잘못된 선택을 했을 뿐입니다."

이 말이 그녀에게 즉각적인 치유의 힘을 발휘하지 않았을지라도 적어도 그녀에게 생각할 기회는 준 셈이 아닐까요. 나는 그녀가 긍정적인 사고를 구축해 가기를 바랍니다.

내일은 당신의 새로운 날

어느 누구도 출발점으로 되돌아가서 다시 시작할 수는 없다. 하지만 어느 누구라도 오늘 출발할 수 있으며 새로운 결말을 만들어낼 수는 있다. -무명씨

에머슨은 성공을 '날마다 마무리하고 철저히 끝내'는 것이라고 정의했습니다. 당신이 할 수 있었던 것을 당신은 해왔습니다. 어떤 비방이나 불합리도 슬금슬금 기어들어올 수 없습니다. 가능한 그런 점은 잊어버리십시오.

내일은 새로운 날입니다. 새로운 나날을 잘 시작하고 대단히 고양된 영혼에 당신의 난센스가 방해 요인이 되지 않도록 평정을 유지하십시오. 오늘은 그 자체로 좋고 훌륭한 날입니다. 어제 일에 매달려 순간을 허비하기에 오늘은 무척 소중하고 희망과 기대로 가득 차 있습니다.

모든 실패는 사람의 실패가 아니라 사건의 실패일 따름입니다. 어제는 어제저녁으로 사실상 마무리된 것입니다. 오늘은 정말로 멋진 새날입니다.

실패는 인생의 위대한 스승이지
장의사가 아니다

실패란 존재하지 않습니다. 다만 자신이 진정으로 누구인지
보다 뚜렷하게 집중할 수 있도록 살아가는 동안 실수할 뿐입니다.
-오프라 윈프리

당신이 실패를 두려워하는 이유는 무엇입니까? 아마도 다른 사람들의 부정적인 평가 때문이 아닌가요? 우리는 언제나 스스로에게 묻습니다.

'다른 사람들이 뭐라고 할까?'

우리는 언제나 작은 실수를 두려워합니다. 실패자로 낙인찍혀 영원히 경멸의 대상이 되리라고 불안해합니다. 이 얼마나 우스꽝스러운 가정입니까? 인생의 모든 분야에서 완전무결한 사람이 얼마나 있다고 생각합니까? 그런 사람은 단 한 명도 없습니다.

실패는 당신이 보잘것없는 노력이라도 했음을 의미합니다. 이것만으로도 긍정적입니다.

실패는 당신에게 더 나은 방법을 알려주기도 합니다. 이

것은 아주 효과적입니다.

실패는 당신에게 경험 이상의 것을 가르쳐줍니다. 이것은 아주 유익합니다.

실패는 단순한 사건일 뿐이며 결과가 아닙니다. 실패는 단지 일시적인 불편함이자 새로운 디딤돌입니다. 결국 어떻게 대처하느냐에 따라 실패가 우리에게 도움이 될지 아닐지 결정됩니다.

아무것도 하지 않으면 배울 것은 없다

어떤 이가 열등감 때문에 우물쭈물하고 있는 동안, 다른 이는 실수를 저지르며 점점 우등한 사람이 되어간다. −헨리 링크

스포츠 세계에서 발생하는 가장 희한한 사건을 우리는 야구에서 볼 수 있습니다. 투수가 3개의 스트라이크를 던지는 동안 타자는 단 하나의 공에도 손을 대지 못하고 삼진 아웃을 당하는 경우입니다.

타자는 세 번의 기회를 가졌지만 한번 제대로 배트를 치지도 못했습니다. 그저 자신이 스트라이크아웃이 되는 것을 지켜보기만 합니다. 그는 마음속으로 1루까지 편하게 걸어 나가기만을 바라고 있었던 것입니다. 이것은 무임승차를 노리는 것과 같습니다.

이보다 더욱 실망스러운 일은 인생이란 게임에서 볼 수 있습니다. 한 번의 방망이도 휘두르지 않았던 타자처럼 어떤 시도도 하지 않는 사람을 볼 때 나는 비애를 느낍니다.

그는 도전하지 않았기 때문에 가장 큰 실수를 저지르고 있는 것입니다.

당신이 도전하다 실패한다면 그것만으로 큰 교훈을 배울 수 있습니다. 즉 인생의 가장 큰 실패를 줄이는 기회를 얻는 것입니다.

성공하고 난 뒤에도
'왜 하필 나야?'라고 말하는가

상황과 환경이 인생을 다채롭게 한다. 하지만 인생이 어떤 색깔을 띠게 될 것인지는 오랫동안 염두에 두고 선택해야 한다. −존 호머 밀러

성공한 사람을 살펴보면 그들은 헤아릴 수도 없을 정도로 엄청난 실패에 직면했습니다.

에디 아카로는 최초로 승리하기 전까지 300번의 경주에서 패배했습니다. 하지만 그는 역사상 가장 위대한 레이서 가운데 한 명이 되었습니다.

오프라 윈프리 또한 처음에는 텔레비전 앵커로서 일자리를 잃었습니다. 그녀의 다음번 쇼는 공중파를 타지 못했습니다. 하지만 오늘날 세계는 그녀의 성공에 박수갈채를 보내고 있습니다.

문제는 실패에 직면했을 때 우리가 어떤 반응을 보내는지에 달려 있습니다. 혹 당신은 실패에 부닥치면 이렇게 말하고 있지는 않습니까?

"왜 하필 나야?"

그렇다면 아서 애쉬의 접근법을 한번 따라 해 보십시오.

"당신은 성공하고 난 뒤에도 '왜 하필 나야?'라고 되묻는가? 그렇지 않다면 실패와 재난 뒤에도 '왜 하필 나야?'라고 말할 수 없다."

당신도 이 점은 받아들이는 것이 좋지 않을까요.

실패는 기회를 가져온다

할 수 없을 것 같은 일을 하라. 실패하라. 그리고 다시 도전하라. 이번에는 더 잘해 보라. 넘어져 본 적이 없는 사람은 단지 위험을 감수해 본 적이 없는 사람일 뿐이다. 이제 여러분 차례이다. 이 순간을 자신의 것으로 만들어라. -오프라 윈프리

큰일을 한 사람은 그 나름의 실패의 경험을 갖고 있습니다. 다음번에 녹다운이 되었을 때는 그냥 미소 지으면서 이렇게 말하십시오.

"난 틀림없이 좋은 친구들과 있으므로 이제는 상승할 준비가 되었다."

실패에 대해 내가 자주 인용하는 글귀가 있습니다.

"실패는 다시 시작할 수 있는 기회다."

실패는 곧 기회라는 생각을 가진 사람은 어떤 문제와 마주치면 신이 나게 됩니다. 엘링턴 백작은 이렇게 정의한 바 있습니다.

"문제점은 당신이 다시 한번 최선을 다할 수 있도록 허용된 좋은 기회다."

내 스스로 연구한 결과에 따르면, 산꼭대기에 오르는 유일한 방법은 계곡을 통과하는 것입니다. 왜냐하면 인생의 계곡은 정상을 오르기 위해 힘과 창조력을 향상시키는 곳이기 때문입니다.

현실적으로 우리들 대다수는 실패를 공공연하게 즐기지 못할 것입니다. 하지만 실패하게 되었다면, 그래서 우리가 올바른 자세로 그런 실패를 곰곰이 관찰하게 된다면 실패는 브레이커가 아니라 메이커가 될 수 있습니다.

문제가 진정 문제일까

인간은 모든 종류의 실수를 하겠지만, 관대하고 진실하며 열정이 있는 한 세상에 피해를 주거나 심각한 화를 부르진 못한다.
-윈스턴 처칠

우리들 대부분은 타이어가 펑크 난 것으로 인해 그다지 흥분하지 않습니다. 그런 의미에서 어떤 종류의 문제에 그렇게 흥분할 사람은 거의 없습니다. 사고란 항상 잘못된 시간에 찾아오는 법이니까요.

하지만 도밍고 파체코는 타이어가 펑크 남으로써 자기 목숨을 구하게 되었습니다. 타이어가 펑크 나서 그는 벨루젯 플라이트 592편을 놓치게 되었는데, 이 제트 비행기는 1996년 5월 11일 에버글레이즈에서 추락했습니다.

예기치 않은 문제와 마주친 것이 어떤 긍정적인 혜택을 가져다주는지 어떻게 알 수 있을까요? 다음번에 예기치 않은 사고가 발생한다면, 잠시 생각해 보십시오.

'정말 이 사고가 끔찍하게 나쁜 일인가?'

'장기적으로 볼 때 결국 지금 일어난 일이 기회가 될 수 있는 가능성은 전혀 없을 것인가?'

이미 일어난 일이 중요한 것이 아니라, 일어난 일을 어떻게 다루느냐가 중요한 것입니다.

중요한 것은 당신에게 어떤 일이 발생했느냐가 아니라 어떻게 극복했느냐이다

장애물 때문에 반드시 멈출 필요는 없어요. 벽에 부딪힌다면 돌아서서 포기하지 말아요. 어떻게 벽을 오를지, 뚫고 갈 수 있을지, 돌아갈 수는 없는지 생각해 봐요. -마이클 조던

캘리포니아 주 로스 가토스에 살고 있는 찰리 위드마이어는 내가 알고 있는 가장 훌륭한 사람 가운데 한 명입니다. 찰리는 단 한 번의 주 대회 우승 경험밖에 없는 로스 가토스 고등학교 축구팀을 지도하고 있습니다.

놀라운 것은 찰리의 신체 중에서 움직일 수 있는 것은 그의 눈과 입뿐이라는 것입니다. 찰리는 루게릭병으로 많은 신체 기능을 잃었습니다. 그러나 찰리가 삶에 대해 보여주는 의지력과 용기는 말 그대로 수백만 명의 사람에게 영감을 불러일으킵니다.

당신이 찰리와 이야기를 나누면 그의 삶 자체에서 나오는 영혼의 향기를 느낄 수 있을 것입니다. 그리고 당신이 가지고 있는 것에 언제나 감사하며 새로운 의욕이 솟아날

것입니다. 그가 가는 곳마다 사람들은 찰리가 만들어온 삶에 대해 경의를 표합니다.

　당신은 지금 무얼 하고 있습니까?

5장 명언 모음

실패하면 실망할지도 모른다
그러나 시도도 안 하면 불행해진다 by 비벌리 실스

실패는 우리가 어떻게 실패에 대처하느냐에 따라 정의됩니다.
-오프라 윈프리

실수는 발견의 시작이다. -제임스 조이스

실수를 부끄러워하지 마라. 실수를 부끄러워하면 그것이 죄가 되느니라. -공자

어느 누구도 출발점으로 되돌아가서 다시 시작할 수는 없다. 하지만 어느 누구라도 오늘 출발할 수 있으며 새로운 결말을 만들어낼 수는 있다. -무명씨

실패란 존재하지 않습니다. 다만 자신이 진정으로 누구인지 보다 뚜렷하게 집중할 수 있도록 살아가는 동안 실수할 뿐입니다.
-오프라 윈프리

어떤 이가 열등감 때문에 우물쭈물하고 있는 동안, 다른 이는 실수를 저지르며 점점 우등한 사람이 되어간다. -헨리 링크

상황과 환경이 인생을 다채롭게 한다. 하지만 인생이 어떤 색깔을 띠게 될 것인지는 오랫동안 염두에 두고 선택해야 한다. -존 호머 밀러

할 수 없을 것 같은 일을 하라. 실패하라. 그리고 다시 도전하라. 이번에는 더 잘해 보라. 넘어져 본 적이 없는 사람은 단지 위험을 감수해 본 적이 없는 사람일 뿐이다. 이제 여러분 차례이다. 이 순간을 자신의 것으로 만들어라. -오프라 윈프리

인간은 모든 종류의 실수를 하겠지만, 관대하고 진실하며 열정이 있는 한 세상에 피해를 주거나 심각한 화를 부르진 못한다.
-윈스턴 처칠

장애물 때문에 반드시 멈출 필요는 없어요. 벽에 부딪힌다면 돌아서서 포기하지 말아요. 어떻게 벽을 오를지, 뚫고 갈 수 있을지, 돌아갈 수는 없는지 생각해 봐요. -마이클 조던

지그 지글러의 긍정 메시지 제6장

당신이 일을 이끌지 않으면 그것이 당신을 이끌 것이다

by 벤저민 프랭클린

직업을 사랑하면 삶에 목적이 생길 것이다

노동은 세 개의 악, 즉, 지루함과 부도덕, 가난을 제거한다. -볼테르

몇 년 전, 호주로 강연 여행을 가서 나는 존 네빈이라는 젊은이를 만났습니다. 그는 아주 올바른 태도를 가진 청년이었습니다. 그는 자신의 인생과 가족 그리고 직업을 사랑하고 있었습니다. 세계 대백과사전을 파는 그는 직업에 무척 만족하고 있어서 일에 푹 빠져 있다고 표현해도 좋을 것 같았습니다. 결국 그의 승진은 누구보다 빠르며 피할 수 없는 것처럼 보였습니다. 14년 전 이 회사의 시간제 고용인에 불과했던 네빈은 지금 호주 지역의 모든 업무를 담당하는 총책임자가 되었습니다. 그는 이 미국 회사에서 두 번째로 탄생한 비미국계 이사가 된 것입니다.

    때때로 직업을 사랑하는 것과 싫어하는 것의 차이는 당신의 삶에 모든 자세를 좌우할 수도 있습니다.

헌신적인 사람들은 고용 보험을 든 것이다

인생에서 성공하는 이는 꾸준히 목표를 바라보며 한결같이 그를 좇는 사람이다. 그것이 헌신이다. -세실 데밀

내 사위는 미국 최대 규모의 주택조합에서 관리자로 일한 적이 있습니다. 그는 5년 동안 그 일을 하면서 한 번도 지각한 일이 없습니다. 또한 자신의 직업을 무척 좋아했으며 임금보다 더 많이 노력했습니다.

그의 태도와 행동은 진정한 직업 보장을 해주었습니다. 하지만 현실적으로는, 최선의 노력에도 자기가 통제할 수 없는 사태가 벌어지기도 합니다. 그럴 때 이 점을 한번 생각해 보십시오.

다니던 회사가 갑자기 몰락하기 시작할 때, 당신은 사장으로부터 어떤 종류의 추천서를 받을 수 있으리라 생각하십니까? 당신이 노력했던 만큼 고용 안정을 얻어낼 수 있지는 않을까요?

개성과 일관성을 가져라

당신은 다른 사람에게 성격을 부여할 수는 없지만 그들에게 자기 나름의 성격을 소유하고 발전시킬 수 있도록 권장할 수는 있다.
-알테무스 골웨이

창조성 연구 센터는 자기 분야에서 밑바닥으로부터 시작해 정상에 오른 사람들을 연구했습니다. 이들에 의하면, 성격적인 결함으로 일단 신용이 무너지면 그 사람은 자기 조직에서 얼마나 높은 지위에 오르든 간에 유리 천장(보이지 않는 편견의 벽)을 만들게 되었습니다.

개성과 일관성을 가진 사람은 직업 시장에서 언제나 환대를 받습니다. 그들은 필요한 기술을 배울 수 있기 때문입니다. 개성과 일관성이라는 긍정적인 자질을 직업 시장에서 필요한 특수한 기술과 잘 조화시키게 될 때, 우리는 전망이 밝은 사람을 얻게 될 것입니다. 분명히 그렇습니다. 성격은 중요합니다.

다음 날 아침을 희망하며 일하라

하루의 노동과 우리를 둘러싼 안개를 비추는 것에서 행복을 찾아라.
-앙리 마티스

모든 것은 상처주며, 상처주지 않는 건 작동하지 않음을 이해하게 되었다면 당신은 이미 나이가 들었다는 것입니다.

흔들의자에 앉아서는 사물을 움직일 수 없습니다. 무릎 관절이 삐걱거린다고 벨트를 채우지는 않을 것입니다. 어떤 목적지나 성공에 이르지 못했다 할지라도 우리는 내일이라는 '다음 날 아침'을 희망하게 될 것입니다.

유명 인사 400명을 연구한 결과, 이들의 과업 중 66퍼센트는 예순이 넘어 달성한 것이었습니다. 불행히도 사람들은 능력이 최고치에 달할 때 은퇴를 합니다. 계속해서 일하십시오. 그러면 건강하고, 행복하며 보다 장수할 것입니다.

어린 시절 살았던 곳을 가 보면 자신이 간절히 갈망했던 곳이 아님을 알게 됩니다. 그것이 우리의 어린 시절입니다.

팀을 위한 헌신

신발창이 닳기 전에 바지의 엉덩이 부분이 먼저 닳는다면, 잘못된 자리에서 너무 많은 접촉을 하고 있는 셈이다. −무명씨

댈러스 카우보이스의 워런 우드슨Warren Woodson, 덴버 브롱코스의 테럴 데이비스Terrell Davis, 애리조나 카디널스의 시미언 라이스Simeon Rice의 공통점은 무엇일까요? 이 세 명의 탁월한 미식축구 선수들은 상당한 명예를 누렸습니다. 그들은 극도로 열심히 노력하는 선수들이었기 때문입니다. 세 사람 모두 자신을 특출 나게 만들기 위해 여분의 노력을 쏟아부었습니다. 이와 같은 직업윤리는 우리 모두가 가질 수 있는 어떤 점입니다.

이 탁월한 운동선수들은 객관적인 목표를 성취했습니다. 그들은 예외적으로 열심히 일하고 언제나 개인적인 명예보다는 팀 전체를 위해 좀 더 헌신했기 때문입니다. 인생에 있어 선택해볼 만한 접근법이 아닐까요!

유머 감각은 자산이다

중요한 일에 진지한 것 이상으로 진지한 것은 없다.
-로버트 M. 허친스

탁월한 유머 감각을 갖게 되면 사회생활이나 비즈니스 세계에서 대단한 자산이 됩니다. 우리는 재미있는 상황이나 혹은 자기 자신을 조롱하면서도 자기 인생이나 자신을 대단히 진지하게 생각하는 사람을 보면서 즐기게 됩니다.

사전적 정의에 따르면, 유머란 "황당하거나 환상적인 생각에 상상력을 부여하는 특질이며, 우스꽝스럽거나 바보 같은 짓거리나 그런 표현에 의해 맛보는 웃음이나 유쾌한 즐거움을 불러일으키려는 경향"입니다. 유머는 원망이나 앙심 없이 자신의 어리석은 짓을 부끄러워하도록 만듭니다.

건강한 유머 감각은 사람들을 비웃는 것이 아니라 그들과 함께 웃는 것입니다. 그래서 우리는 좋은 웃음이 육체적으로나 감정적으로나 건강한 것임을 잘 알고 있습니다.

당신이 아는 것을 가르쳐주어라

내가 고용되어서 다른 사람을 위해 봉사하게 될 때, 다른 사람에게
호의를 베푼다고 생각할 것이 아니라 빚을 지불한다고 생각하라.
-벤저민 프랭클린

디즈니라디오에서 세일즈 매니저로 일하는 동안 팸 론토스는 한 세일즈맨을 만났습니다. 그는 그녀에게 일하는 법을 배우고 싶어 했습니다. 그녀는 그에게 노하우를 가르쳐주었고, 그 뒤 그녀는 세일즈 분야의 부회장으로 승진했습니다.

교체와 이직에 대비해 훈련하는 사람들, 다른 사람을 자기 수준으로 끌어올리는 사람들은 경영인의 눈에 열정을 가진 사람으로 비칩니다. 리더십과 경영은 언제나 필요한 것이며, 다른 사람을 향상시킬 수 있는 사람은 '자기 일만' 하는 이에 비해 승진 사다리를 더 많이 올라갈 것입니다.

이러한 접근법을 택하십시오. 당신의 지식과 정보를 다른 이와 나누고 공유하며 그들을 고무시킬 수 있도록 하십시오. 당신이 아는 것을 가르쳐주십시오.

사람들에게 희망이란 주사를 놓아라

경영이란 바로 다른 이들에게 동기를 부여하는 일이다.
-리 아이어코카

나의 세일즈맨 생활은 거의 실패였습니다. 2년 반 동안 고군분투했지만 연전연패했습니다. 스스로 패배자라고 생각한 적은 없지만 고객을 만나는 두려움은 어쩔 수 없었나 봅니다. 그때는 고객이 나를 거절한 것이 아니라 내 제안을 거부했다는 사실을 이해하지 못했습니다.

만일 사장인 맥럴 씨의 따뜻한 충고가 없었다면 나는 아마 다른 직업을 찾았을 것입니다. 그는 이렇게 말했습니다.

"지크, 자네는 능력을 가지고 있네. 자네는 엄청난 수완가야. 나는 이 회사의 미래 경영자로 자네를 보고 있네."

이 말은 내게 새로운 영감을 불러일으켰고, 나는 7,000명이 넘는 회사에서 최고로 인정받는 두 번째 세일즈맨이 되었습니다.

능률과 효율

능률이란 일을 적절하게 하는 것을 말하고 효율이란 적절한 일을 하는 것을 말한다 -토머스 K. 코넬란

우리의 한정된 시간과 자원을 적절하고 효과적으로 활용하려면 많은 사람들이 놓치는 아주 단순하고 기본적인 진실에 충실해야 합니다. 사소한 일에 신경 쓰다가 가장 중요한 일을 못한다면 그건 일을 효율적으로 하는 것이 아닙니다. 즉, 어떤 일을 하는 데 있어 그 일을 당신이 해야 하는지 아니면 다른 사람에게 맡겨도 되는지 먼저 파악하십시오.

한 조사 결과에 의하면 모든 직종에서 10~15퍼센트의 업무는 다른 사람에게 위임하거나 줄일 수 있다고 합니다.

당신은 오늘 어떤 과제를 줄일 수 있습니까? 또 어떤 업무를 다른 사람에게 위임할 수 있나요? 능률적인 시간 활용이 아니라 효율적인 시간 활용에 초점을 맞추십시오.

이 세상에는 서로 도와야 한다는 암묵적인 계약이 있다

우리는 모두 서로를 돕길 원한다. 인간 존재란 그런 것이다. 우리는 서로의 불행이 아니라 서로의 행복에 의해 살아가기를 원한다.
―찰리 채플린

내가 요리 기구 판매업에 종사하고 있을 때의 일입니다. 어느 날, 나는 내가 지킬 수 있는 이상의 약속을 해놓은 것을 알게 되었습니다. 고심 끝에 내 비서인 게리 애로우드에게 도움을 청했습니다.

내가 다른 일들을 처리하고 있는 동안 여섯 세트의 요리 기구를 각 가정으로 배달해서 고객들에게 사용법을 설명해 주라고 나는 그녀에게 이야기했습니다. 하지만 그녀는 고객들을 대하는 데 익숙하지 않기 때문에 못하겠다고 손을 가로저었습니다. 나는 간신히 그녀를 설득할 수 있었습니다.

다음 날 저녁, 나는 그녀로부터 그야말로 흥분에 가득 찬 전화를 받았습니다. 게리는 이렇게 말했습니다.

"전 제 자신에 대해 이렇게 만족스러웠던 때가 없었어

요. 앞으로 저한테 부탁할 일이 있으면 언제든지 말해 주세요!"

그녀는 극적으로 변해 있었습니다. 이렇듯, 다른 사람을 돕는 것은 스스로를 돕는 일입니다.

기다리지 마라, 우선 행동하라
그러면 정말 잘했다는 생각이 들 것이다

경영대학원은 단순한 행동보다 어렵고 복잡한 행동을 가르치지만, 단순한 행동이 보다 효과적이다. −워런 버핏

새로운 첫발을 내디딘 후, 게리는 스스로 동기부여가 되어 자신의 이미지를 극적으로 변화시켰습니다. 마음속으로부터 자신감이 샘솟기 시작했으며 진취적인 모습으로 변해 갔습니다. 그녀는 점점 큰 목표를 세우기 시작했고, 낙관적이며 긍정적으로 변모했습니다.

 나는 이 점을 언급하고 싶습니다. 게리는 오직 용기와 열정, 긍지와 겸손함으로 출발한 것입니다. 그녀는 성실했으며 절대적으로 신뢰감을 주었고 매우 열심히 일했습니다. 그녀는 끊임없는 자기 계발과 노력으로 또 다른 성공을 일궈 나갔습니다. 이 이야기를 통해, 사람에게 동기부여가 얼마나 중요한지 당신은 알 수 있을 것입니다. 핵심을 놓치지 마십시오. 동기는 그녀가 행동한 후에 찾아온 것입니다.

한마디의 칭찬은 최고의 동기부여 방법이다

어떤 상황이든 비난을 받을 때보다 칭찬을 받았을 때 일을 더 못하는 사람을 본 적이 없다. -찰스 슈왑

젊은 세일즈맨 시절, 나에게 오랫동안 영향을 미친 구절이 하나 있었습니다. 가수로서 화려한 시절을 보냈던 어떤 여자에 대한 이야기였습니다.

한때 그녀는 선생으로부터 끊임없이 비난을 받아 낙담을 거듭한 끝에 노래 부르기를 포기하려고 했습니다.

그녀의 재능은, 언변이 좋은 한 세일즈맨이 약간의 아부 섞인 칭찬을 하기 전까지 숨어 있었습니다. 어느 날 그녀는 세일즈맨 앞에서 작은 목소리로 노래를 흥얼거렸고, 그는 그녀의 아름다운 목소리에 매료되었습니다.

"좀 더 크게 불러 봐요. 당신은 세상에서 가장 아름다운 목소리를 가지고 있어요."

그는 그녀에게 찬사를 보냈습니다. 자연스럽게 그녀는

자신감을 되찾았습니다. 그리고 다시 노래를 부르기 시작했습니다. 마침내 그녀는 가수로서 성공을 거둘 수 있었습니다. 또 자신의 재능을 알아봐준 그 '발견자'와 행복한 결혼을 했습니다.

단 한마디의 칭찬이 엄청난 결과를 만들 수 있습니다.

당신이 가진 커다란 힘

자신이 어떤 사람이 될지에 대해 의문을 던져라. 그러나 자기 자신에 대해서는 결코 의문을 던지지 말라. -크리스틴느 보비

광야에서 소리치는 하나의 목소리는 금세 사라져 버릴지 모릅니다. 하지만 한 목소리에 또 다른 목소리를 더하면 경이로운 일이 일어날 수도 있습니다.

제너럴 모터스, IBM, 제너럴 일렉트릭 등 그 밖의 다른 모든 회사와 사업체는 한 사람의 생각으로 출발했습니다. 한 사람이 자신의 아이디어를 다른 사람에게 팔고, 조만간 그 프로젝트에 관해 열광적인 몇몇 사람들이 모여듭니다. 단 한 명의 열정적인 시민이 집단을 조직해 범죄에 극적인 충격을 줄 수도 있습니다.

당신의 목소리가 낼 수 있는 충격을 무시하지 마십시오. 당신은 단 하나뿐인 유일한 사람입니다. 당신이라는 한 사람이 있음으로 커다란 차이가 만들어질 수 있습니다.

일하지 않는 시간에 무엇을 하는가

아무 하는 일 없이 시간을 허비하지 않겠다고 맹세하라. 우리가 항상
뭔가를 한다면 놀라우리만치 많은 일을 해낼 수 있다.
-토머스 제퍼슨

내가 오래 관찰한 바에 따르면, 근무시간 외에 우리가 무엇을 하느냐가 직장 생활에 대단히 중요한 영향을 미칩니다.

예를 들어 텔레비전 보는 시간을 줄여 새로운 기술을 획득하거나, 영감을 주는 정보를 찾거나, 스터디 그룹에 참여해 외국어를 배우거나, 글을 읽을 줄 모르는 사람에게 글을 가르쳐주거나 또는 그 밖에 무슨 일을 하든 당신이 가치 있는 일을 할 수 있음을 스스로가 알 수 있게 한다면 당신은 인생과 자기 자신에 관해 기분 좋은 느낌을 가질 것입니다.

이렇듯 자신감이 생기면 직장에서, 인생 전반을 대하는 태도에서 효율적이 될 것입니다. 노력하려고 선택한 분야가 무엇이든 자신의 삶을 탁월한 것으로 만들기 위해 얼마나 헌신하느냐에 인생의 질이 달려 있습니다.

6장 명언 모음

당신이 일을 이끌지 않으면
그것이 당신을 이끌 것이다 by 벤저민 프랭클린

노동은 세 개의 악, 즉, 지루함과 부도덕, 가난을 제거한다. -볼테르

인생에서 성공하는 이는 꾸준히 목표를 바라보며 한결같이 그를 좇는 사람이다. 그것이 헌신이다. -세실 데밀

당신은 다른 사람에게 성격을 부여할 수는 없지만 그들에게 자기 나름의 성격을 소유하고 발전시킬 수 있도록 권장할 수는 있는 법이다.
-알테무스 골웨이

하루의 노동과 우리를 둘러싼 안개를 비추는 것에서 행복을 찾아라.
-앙리 마티스

신발창이 닳기 전에 바지의 엉덩이 부분이 먼저 닳는다면, 잘못된 자리에서 너무 많은 접촉을 하고 있는 셈이다. -무명씨

중요한 일에 진지한 것 이상으로 진지한 것은 없다.
-로버트 M. 허친스

내가 고용되어서 다른 사람을 위해 봉사하게 될 때, 다른 사람에게 호의를 베푼다고 생각할 것이 아니라 빚을 지불한다고 생각하라.
-벤저민 프랭클린

경영이란 바로 다른 이들에게 동기를 부여하는 일이다.
-리 아이어코카

능률이란 일을 적절하게 하는 것을 말하고 효율이란 적절한 일을 하는 것을 말한다 -토머스 K. 코넬란

우리는 모두 서로를 돕길 원한다. 인간 존재란 그런 것이다. 우리는 서로의 불행이 아니라 서로의 행복에 의해 살아가기를 원한다.
-찰리 채플린

경영대학원은 단순한 행동보다 어렵고 복잡한 행동을 가르치지만, 단순한 행동이 보다 효과적이다. -워런 버핏

어떤 상황이든 비난을 받을 때보다 칭찬을 받았을 때 일을 더 못하는 사람을 본 적이 없다. -찰스 슈왑

자신이 어떤 사람이 될지에 대해 의문을 던져라. 그러나 자기 자신에 대해서는 결코 의문을 던지지 말라. -크리스틴느 보비

아무 하는 일 없이 시간을 허비하지 않겠다고 맹세하라. 우리가 항상 뭔가를 한다면 놀라우리만치 많은 일을 해낼 수 있다.
-토머스 제퍼슨

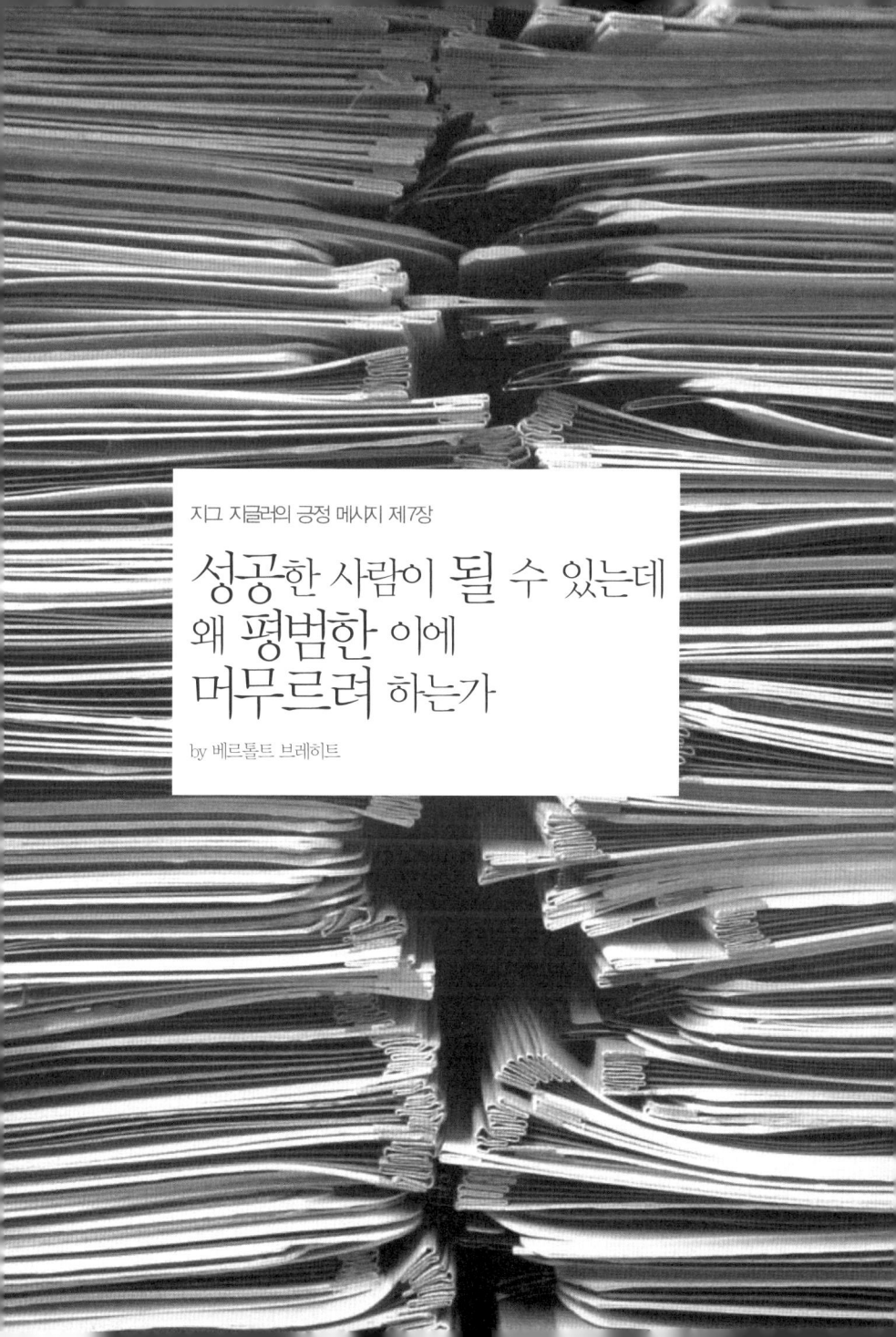

지그 지글러의 긍정 메시지 제7장

성공한 사람이 될 수 있는데 왜 평범한 이에 머무르려 하는가

by 베르톨트 브레히트

최선의 방식이 최고의 것을 만들어낸다

자신이 성공하는 내면의 그림을 마음속에 명확히 그리고, 잊히지 않게 각인시켜라. 이 그림을 끈질기게 간직하라. 희미해지도록 절대 내버려두지 마라. 그대의 마음이 이 그림을 실현하기 위해 노력할 것이다. 당신의 상상 속에 어떠한 장애물도 두지 마라. -노먼 빈센트 필

톰 뎀프시는 세상에 나올 때부터 절반의 오른쪽 다리와 기형인 오른손을 가지고 태어났습니다. 다행스럽게도 톰의 부모는 아들이 자신의 '핸디캡'을 불편하게 생각하도록 한 적이 없었습니다. 톰은 자라나면서 또래가 하는 모든 것을 경험했습니다. 젊은이로서 그는 자신의 천부적인 재능이 미식축구에 있음을 발견하게 되었습니다. 미식축구를 하는 데 있어 그의 '핸디캡'은 핸디캡으로 입증되지 않았습니다.

톰은 팀을 위해 노력했고 그의 열성은 코치의 회의적인 시선을 감복시켰습니다. 2주 뒤, 톰 뎀프시는 시범 경기에서 55야드 필드 골대를 향해 공을 찼고 주목을 받았습니다.

어떤 것을 최선의 방식으로 만들어내는 그런 사람만이 그것을 최고의 것으로 만들어냅니다.

난 부자들의 비밀을 알고 있다

인간에게는 의식적인 노력으로 자신의 삶을 높일 능력이 분명히 있다는 것보다 더 용기를 주는 사실은 없다. —헨리 데이비드 소로

부자들의 인물 소개는 언제나 이렇게 시작합니다.

"근면하고 성실하며 무엇보다도 자제력이 강함."

일반적으로 부자들은 성인이 된 뒤로는 한동네에서 쭉 살아갑니다. 그 사람은 한 번 결혼합니다. 그는 자기보다 약간 재산이 적은 중산층의 사람과 이웃으로 생활합니다. 그는 천성적으로 저축과 투자를 좋아합니다. 미국의 백만장자 가운데 80퍼센트가 자기 손으로 지금의 부를 일군 사람들입니다.

이제 변명은 그만두십시오. 그리고 명심하십시오. 당신은 아주 능력 있는 사람입니다.

성공은 일시불로 구입할 수 없다
할부로 날마다 비용을 지불해야 한다

내 마음에 동요가 일고 마음속에서 원해, 정말 원해, 정말 정말 원해! 라고 외쳤다. 그 소리는 매일 오후면 들렸고 떨쳐버리려 노력할수록 커졌다. −솔 벨로

모든 사람은 성공에 대해 제 나름의 개념을 정의하고 있습니다. 내가 말하는 성공의 의미는 이런 것입니다.

"육체적·정신적·영적인 영역에서 자신에게 보상을 가져다주었던 능력을 최대한 활용함으로써 개인적이고 가족적인 생활에서뿐 아니라 사업상으로 균형을 유지하게 되었다면 당신은 성공한 것이다."

당신은 어떻게 성공을 성취했습니까? 특수한 기술과 올바른 태도를 조합하십시오. 그다음 황금률 철학과 특수한 게임 플랜을 첨가하십시오. 그런 다음 자신의 성격에 토대해 자기 인생을 건설하십시오. 그러면 당신은 완전한 성공에 도달할 수 있는 탁월한 기회를 포착하게 됩니다.

내일은 내일의 태양이 뜬다

인생에 있어서 우리가 할 일은 다른 사람보다 앞서는 것이 아니라 우리 자신보다 앞서는 것이다. 우리가 세웠던 기록을 깨고 우리의 오늘은 우리의 어제를 능가해야 한다. —스튜어트 B. 존슨

1996년 12월 14일 토요일 오후, 나는 내 인생에서 가장 흥분했던 운동경기에 참석했습니다. 그날 내가 응원한 팀은 24점 차이로 패배했습니다. 그렇지만 그 젊은 친구들은 '그만'이라는 단어를 몰랐습니다.

   그들은 시작부터 끝까지 그야말로 혼신의 힘을 다했습니다. 승자는 승리했기에 영광이었지만, 패배한 팀 역시 승리자에게 축하를 보내면서 마찬가지로 멋지게 패배했습니다. 그들은 고개를 세우고 당당하게 운동장을 떠났습니다. 아마도 내년에는 다른 결과를 기대하면서 말입니다. 그것은 품위였습니다.

상상력을 가동하면 새로운 개념이 열린다

비전은 생존을 위해 필수적이다. 그것은 신념에 의해 부화되며, 희망에 의해 유지되고, 상상력에 의해 점화되며, 열정에 의해 강화된다. 비전은 시각보다 위대하며 꿈보다 깊고 생각보다 넓다. 비전은 예측 가능하고 안전하며 예상했던 영역을 벗어나 있는 광대한 풍경을 포괄한다. 비전이 없다면 망할 수밖에 없다. 이는 전혀 놀랄 일이 아니다. 오늘 당신을 펼쳐 보여 달라고 신에게 요구하라. -척 스윈돌

1991년 일군의 투자자들이 새로운 아이디어를 가지고 출현했습니다. NCAA 챔피언십 게임이 인디애나폴리스에서 치러지고 난 뒤 그들은 마지막 네 경기가 진행되고 있던 경기장을 사는 데 6만 5,000달러를 투자했습니다.

그들은 이 새로운 야구 경기장을 6×5인치의 2만 2,000개의 작은 조각으로 나눠 2만 2,000명의 팬에게 각각 24.95달러에 선물했습니다. 이로 인해 일주일이 채 못 되어 6만 5,000달러의 투자가 54만 8,900달러가 되었습니다.

이런 기회는 도처에 있고 우리는 그런 기회를 포착하고 행동을 취하면 됩니다. 눈을 크게 뜨고 당신의 상상력을 가동시키십시오. 그러면 새로운 개념이 열리게 될 것입니다.

단순한 아이디어가
엄청난 행운을 가져오기도 한다

처음에 새로운 이론은 불합리한 것으로 공격당한다. 그런 다음 그것은 사실이기는 하지만 그다지 중요한 것은 아니라고 받아들여진다. 마침내 새로운 이론은 너무나 중요하기 때문에 적들마저도 자신들이 그것을 발견했다고 우길 정도가 된다. -윌리엄 제임스

대단히 단순한 아이디어가 엄청난 행운과 명성을 가져다준 것을 보며 그제야 "나도 그걸 생각했는데!"라고 통탄해하는 소리를 얼마나 자주 들어보았습니까!

철학자 알프레드 노스 화이트헤드는 자기가 관찰한 바를 이렇게 말했습니다.

"새로운 아이디어는 대개 처음 나올 때는 어리석은 측면을 갖고 있었다. 과학사는 이런 사례들로 가득하다. 코페르니쿠스는 지구가 태양 둘레를 돈다고 말했다. 루이 파스퇴르는 질병이 병원균이라는 미생물체에 의해 초래된다고 말했다. 뉴턴은 중력이라는 보이지 않는 힘이 있다고 주장했다. 이들은 당대에는 무대 위에서 자기 이론을 암송하는 최고 코미디언이었을 수도 있다."

고전적인 방식으로 부를 축적하다

헌법은 미국인들이 행복을 추구할 권리를 다만 보장해주는 것이다. 그러므로 행복은 당신 스스로 붙잡아야 한다. −벤저민 프랭클린

미국의 백만장자 가운데 불과 1퍼센트 이하만이 전문적인 운동선수이거나 연예인들입니다. 부자의 절대다수는 대단히 고전적이고 오래된 방식을 통해 부를 이루어 왔습니다.

그들은 열심히 교육받고 가장 아래쪽 사다리부터 올라가기 시작했습니다. 천천히 오랜 시간에 걸쳐 정상에 오르는 길을 개척했습니다. 정상으로 올라가며 그들은 기술을 지속적으로 계발하고, 자신의 수입 안에서 생활하며, 돈을 현명하게 투자했습니다. 지금은 원하는 것을 하지만 한때 그들은 자신을 억제하면서 사는 생활 방식을 유지했습니다. 그래서 그들은 자신이 정말로 원하는 것을 결국 손에 넣게 되었습니다. 부를 얻는 최선은 고전적인 방식입니다. 당신도 그것을 얻을 수 있습니다.

실패는 성공으로 가는 또 하나의 길이다

쉽게 빠져나가는 방법은 없다. 있었다면 그 방법을 썼을 거다. 정말이지, 그런 방법은 내가 가장 좋아하는 것 중 하나일 거다!
-오프라 윈프리

한 젊은 기자가 토머스 에디슨에게 오랜 세월 동안 그가 이룩한 발명의 업적에 대해 물었습니다.

"1만 번 정도 실험에 실패했을 때 기분이 어떠셨나요?"

에디슨은 겸손하게 비밀 하나를 이야기했습니다.

"젊은 기자 양반, 내가 자네에게 도움이 될 생각 하나를 가르쳐주겠네. 나는 1만 번이나 실패한 적이 없네. 불가능한 1만 가지의 방법을 알아낸 것이라네."

에디슨은 실제로 그가 백열전구 발명에 성공하는 데 1만 4,000번 정도 실험을 했다고 밝혔습니다. 에디슨은 그의 비밀처럼 불가능한 1만 4,000가지의 길을 성공적으로 찾아낸 것입니다. 그리고 마침내 단 하나의 가능한 방법을 발견한 것입니다.

충동과 결단력

우리가 끈기를 가지고 하는 일이 쉬워지는 것은, 그 일 자체가 쉬워져서가 아니라, 그 일을 수행하는 우리의 능력이 향상되었기 때문이다.
-에머슨

어떤 이에 대해 '천부적인' 혹은 '타고난 재능'을 가진 사람으로 묘사하는 걸 들은 일이 있을 것입니다. 누군가는 다른 이들보다 훨씬 더 재능을 가지고 출발하는 경우가 있음을 부정할 마음은 없습니다.

정상에 속하는 예술가, 운동선수, 학자 등 120명을 5년 동안 연구한 결과에 따르면, 이들은 타고난 재능이 아니라 충동과 결단력으로 성공했다는 결론이 나왔습니다.

한 탁월한 수학자는 종종 학교에서 적응하지 못했고 자기 학급에서 최고가 되지도 못했습니다. 연구원들이 비범한 성공을 거둔 이들과 그의 가족을 인터뷰했을 때 반복적으로 들은 이야기는 '예외적인 충동과 헌신과 열심히' 했다는 것이었습니다. 집요함을 대체할 것은 아무것도 없습니다.

성공은 기회가 철저한 준비와 만났을 때 이루어진다

나는 한 인간에 불과하지만, 오롯한 인간이다. 나는 모든 것을 할 수는 없지만, 무엇인가 할 수 있다. 그러므로 나는 내가 할 수 있는 것을 기꺼이 하겠다. -헬렌 켈러

당신이 화려한 성공의 언덕 바로 밑에 있거나 아니면 당장 눈앞의 모퉁이만 돌면 성공을 만날 수 있다고 가정해 봅시다. 그러나 눈앞의 정상에 오르거나 급한 코너를 돌기 위해서는 마지막으로 밀어붙이는 힘이 필요합니다. 당신은 그 힘을 충분히 가지고 있습니까?

   세상에 어떤 것도 끈기를 대신하지 못합니다. 아무리 뛰어난 재능도 불가능합니다. 우리는 타고난 재능을 가지고 성공하지 못한 사람을 흔히 찾아볼 수 있습니다. 말 그대로 성공하지 못한 천재들이 우리 주위에 얼마나 많이 있습니까? 또한 교육도 끈기를 대신하지 못합니다. 세계는 박식한 낙오자들로 가득 차 있습니다. 끈기와 결단력 그리고 근면함이 사람들의 차이를 만듭니다.

도전을 포기하지 않는 한
결코 실패자가 아니다

변화는 인간의 정신에 막대한 심리적 영향을 미친다. 두려워하는 자는 상황이 악화될까 봐 걱정하므로 위협적으로 느낀다. 희망에 찬 자는 상황이 나아질 것을 기대하므로 용기를 낸다. 자신 있는 사람에게 도전이란 더 나은 것을 만들기 위한 과정이기에, 분발의 계기가 된다.
-킹 위트니 주니어

한 젊은이가 다른 사람들과 동업으로 원유 개발 사업을 시작했습니다. 그는 얼마 지나지 않아 모든 돈을 탕진하고 다른 파트너들에게 지분을 넘기게 되었습니다. 그러나 나머지 동료들은 여러 가지 어려움 속에서도 갖은 노력을 쏟아부었고 결국 성공을 이루었습니다. 그들이 만든 석유 회사는 오늘날 엄청난 재벌이 되었습니다.

사업에서 물러난 젊은이는 이번에는 의류 사업에 손을 댔습니다. 하지만 이번에도 실패하고, 원유 사업 때보다 더 큰 손실을 맛보게 되었습니다. 사실상 그 젊은이는 파산했습니다. 그러나 절망하지 않았습니다. 나중에 이 젊은이는 정치에 뛰어들었습니다.

역사가들은 제2차 세계대전 후 세계경제를 복구한 해리

트루먼 대통령에 대해 찬사를 보냅니다. 두 번이나 사업에 실패하고도 불굴의 노력으로 재기한 젊은이가 바로 미국의 33대 대통령 해리 트루먼입니다.

교육과 지성은 같은 말이 아니다

현재 어떤 존재가 될 수 없다면 나는 될 수 있을 법한 존재가 되련다. 될 수 있을 법한 존재란 별을 향해 뻗어 나가는 '아마도'의 존재이기 때문이다. 나는 '-가 됐을 뻔했던' 사람보다는 '-이었던' 사람이 되겠다. '됐을 뻔했던' 사람은 한 번도 그 존재가 돼 보지 못했으나 '-이었던' 사람은 한때 그 존재로 살아봤기 때문이다. -밀턴 벌리

내가 알고 있는 가장 지적이며 성공한 세 사람은 어린 나이에 정규교육을 중단했습니다.

자동차 회사 '포드'의 창설자인 헨리 포드는 열네 살에 학교를 그만두었고, IBM의 창업자인 토머스 J. 왓슨은 주당 6달러의 세일즈맨에서 회장이 되었습니다. 정규교육의 한계는 어떤 변명이나 자신을 비하하는 데 합당한 이유가 되지 못합니다.

분명히 교육은 중요합니다. 그러나 헌신성은 더욱 중요합니다. 실패를 위한 당신의 변명은 필요 없습니다. 성공을 위한 이유와 방법을 찾으십시오. 그리고 당신이 가지고 있는 모든 잠재력을 활용하는 데 헌신적으로 노력하십시오. 교육이 부족한 것은 결코 문제가 되지 않습니다.

불행하게도, 많이 교육받은 사람들이 자신의 삶에서 성공하지 못합니다. 자신의 지식을 최대한 이용하도록 스스로 동기부여를 하지 못하기 때문입니다. 그러나 이것도 변명이 될 수는 없습니다.

가장 큰 과업은 나를 계발하는 것이다

다이아몬드를 찾는 사람이 진흙과 수렁에서 분투해야 하는 이유는 이미 다듬어진 돌 속에서는 찾을 수 없기 때문이다. 다이아몬드는 만들어지는 것이다. -헨리 B. 윌슨

조지 버나드 쇼에게 한 기자가 다가와 물었습니다.

"당신은 국제적으로 유명한 분이고 전 세계를 여행했습니다. 당신은 가장 유명한 사람들과 교류해 왔으며, 그들은 대개 저명한 저자, 예술가, 선생, 고위직 인사였습니다. 만약 세상을 다시 산다면 당신이 알고 있는 사람들 중에서 어떤 사람이 되고 싶은가요?"

"난 조지 버나드 쇼라는 남자를 선택하고 싶군요. 하지만 과거의 버나드 쇼가 아닌 버나드 쇼로서 말입니다."

버나드 쇼가 설명해 주었다시피, 진정한 성공은 당신이 하고 싶었던 것과 당신이 실제로 행한 것을 비교해 측정할 수 있습니다.

현실은 우리에게 말합니다. 우리의 가장 큰 과업과 우리

의 가장 큰 목표는 다른 사람을 앞지르는 데 있는 것이 아니라 자기 자신의 성취를 향상시킬 수 있는 능력을 활용하는 데 있습니다.

성공하는 사람들은
타인에게 먼저 손을 내밀 줄 안다

친절한 말은 짧고, 하기 쉽지만 그 울림은 참으로 무궁무진하다.
-마더 테레사

자신은 올바르다고 독선적인 주장을 펼치다가 금세 실수가 드러나고 모든 말이 '식언'으로 밝혀지는 사람을 보면 우리 모두는 쾌재를 부릅니다. 하지만 이럴 때 우리는 그 사람의 당혹감을 살피고, 그가 도움을 필요로 하는 친구라는 점을 이해해야 하지 않을까요. 그리고 이렇게 말해줍니다.

"지금 당신 기분이 어떨지 압니다. 나도 실수한 적이 있고 정말 당혹스러웠던 경험이 있으니까요."

비록 그 상황에 적확한 말은 아니라고 할지라도 당신이 보여준 관심과 염려는 상처받은 사람에게 상당히 도움이 될 것이고, 그 과정에서 그와 친구가 될 수도 있을 것입니다. 성공한 사람들은 다른 사람들에게 어디서 내려야 할 것인지가 아니라 어떻게 올라타야 하는지를 알려줍니다.

땀 흘려 훈련하지 않고
챔피언이 된 선수는 없다

당신이 바라거나 믿는 바를 말할 때마다, 그것을 가장 먼저 듣는 사람은 당신이다. 그것은 당신이 가능하다고 믿는 것에 대해 당신과 다른 사람 모두를 향한 메시지다. 스스로에 한계를 두지 마라.
-오프라 윈프리

사전을 찾아보면 '훈련'의 뜻은 '지도하고 교육하는 것이고, 정신적인 무장과 정확한 원리와 올바른 습관을 길러주는 것이며, 지도에 의해 미리 준비하는 것'이라고 나와 있습니다.

작가 시빌 스탠튼은 '진정한 훈련'이란 당신의 등에 달라붙어 귀찮게 구는 존재도, 강박관념도 아닌 당신 옆에 나란히 서서 슬쩍 팔꿈치로 찌르며 미래를 위한 격려를 하는 것이라고 했습니다.

위대한 바이올리니스트 아이작 스턴은 이런 질문을 받은 적이 있습니다.

"천재적인 재능은 타고나야만 하는 것입니까?"

아이작은 그렇다고 대답했습니다. 그러나 진정한 음악

가는 만들어진다고 말했습니다. 즉, 천재적인 재능을 가진 사람도 피나는 노력을 거듭해 위대한 음악가가 될 수 있다는 뜻입니다.

아무리 훌륭한 재능을 타고났다 할지라도 올바른 훈련과 힘겨운 노력의 시간을 보내지 않는다면 그의 잠재력은 말 그대로 잠재력으로 영원히 남을 것입니다.

7장 명언 모음

성공한 사람이 될 수 있는데
왜 평범한 이에 머무르려 하는가 by 베르톨트 브레히트

자신이 성공하는 내면의 그림을 마음속에 명확히 그리고, 잊히지 않게 각인시켜라. 이 그림을 끈질기게 간직하라. 희미해지도록 절대 내버려두지 마라. 그대의 마음이 이 그림을 실현하기 위해 노력할 것이다. 당신의 상상 속에 어떠한 장애물도 두지 마라. -노먼 빈센트 필

인간에게는 의식적인 노력으로 자신의 삶을 높일 능력이 분명히 있다는 것보다 더 용기를 주는 사실은 없다. -헨리 데이비드 소로

내 마음에 동요가 일고 마음속에서 원해, 정말 원해, 정말 정말 원해!라고 외쳤다. 그 소리는 매일 오후면 들렸고 떨쳐버리려 노력할수록 커졌다. -솔 벨로

인생에 있어서 우리가 할 일은 다른 사람보다 앞서는 것이 아니라 우리 자신보다 앞서는 것이다. 우리가 세웠던 기록을 깨고 우리의 오늘은 우리의 어제를 능가해야 한다. -스튜어트 B. 존슨

비전은 생존을 위해 필수적이다. 그것은 신념에 의해 부화되며, 희망에 의해 유지되고, 상상력에 의해 점화되며, 열정에 의해 강화된다. 비전은 시각보다 위대하며 꿈보다 깊고 생각보다 넓다. 비전은 예측 가능하고 안전하며 예상했던 영역을 벗어나 있는 광대한 풍경을 포괄한다. 비전이 없다면 망할 수밖에 없다. 이는 전혀 놀랄 일이 아니다.

오늘 당신을 펼쳐 보여 달라고 신에게 요구하라. -척 스윈돌

처음에 새로운 이론은 불합리한 것으로 공격당한다. 그런 다음 그것은 사실이기는 하지만 그다지 중요한 것은 아니라고 받아들여진다. 마침내 새로운 이론은 너무나 중요하기 때문에 적들마저도 자신들이 그것을 발견했다고 우길 정도가 된다. -윌리엄 제임스

헌법은 미국인들이 행복을 추구할 권리를 다만 보장해주는 것이다. 그러므로 행복은 당신 스스로 붙잡아야 한다. -벤저민 프랭클린

쉽게 빠져나가는 방법은 없다. 있었다면 그 방법을 썼을 거다. 정말이지, 그런 방법은 내가 가장 좋아하는 것 중 하나일 거다!
-오프라 윈프리

우리가 끈기를 가지고 하는 일이 쉬워지는 것은, 그 일 자체가 쉬워져서가 아니라, 그 일을 수행하는 우리의 능력이 향상되었기 때문이다.
-에머슨

나는 한 인간에 불과하지만, 오롯한 인간이다. 나는 모든 것을 할 수는 없지만, 무엇인가 할 수 있다. 그러므로 나는 내가 할 수 있는 것을 기꺼이 하겠다. -헬렌 켈러

변화는 인간의 정신에 막대한 심리적 영향을 미친다. 두려워하는 자는 상황이 악화될까 봐 걱정하므로 위협적으로 느낀다. 희망에 찬 자는 상황이 나아질 것을 기대하므로 용기를 낸다. 자신 있는 사람에게 도전이란 더 나은 것을 만들기 위한 과정이기에, 분발의 계기가 된다.
-킹 위트니 주니어

현재 어떤 존재가 될 수 없다면 나는 될 수 있을 법한 존재가 되련다. 될 수 있을 법한 존재란 별을 향해 뻗어 나가는 '아마도'의 존재이기 때문이다. 나는 '-가 됐을 뻔했던' 사람보다는 '-이었던' 사람이 되겠다. '됐을 뻔했던' 사람은 한 번도 그 존재가 돼 보지 못했으나 '-이었던' 사람은 한때 그 존재로 살아봤기 때문이다. -밀턴 벌리

다이아몬드를 찾는 사람이 진흙과 수렁에서 분투해야 하는 이유는 이미 다듬어진 돌 속에서는 찾을 수 없기 때문이다. 다이아몬드는 만들어지는 것이다. -헨리 B. 윌슨

친절한 말은 짧고, 하기 쉽지만 그 울림은 참으로 무궁무진하다.
-마더 테레사

당신이 바라거나 믿는 바를 말할 때마다, 그것을 가장 먼저 듣는 사람은 당신이다. 그것은 당신이 가능하다고 믿는 것에 대해 당신과 다른 사람 모두를 향한 메시지다. 스스로에 한계를 두지 마라.
-오프라 윈프리

지그 지글러의 긍정 메시지 제8장

부모란 자녀에게 사소한 것을 주어 아이를 행복하게 하게끔 만들어진 존재다

by 프레더릭 내시

아이들은 배운다

칭찬받으며 자란 아이는 감사하는 법을 배운다.
-도로시 놀트

비난받으며 자란 아이는 남을 멸시하는 것을 배운다.
적대감을 가지고 자란 아이는 폭력을 배운다.
조롱받으며 자란 아이는 부끄러워하는 것을 배운다.
수치심을 가지고 자란 아이는 죄책감을 배운다.
격려받으며 자란 아이는 자신감을 배운다.
칭찬받으며 자란 아이는 감사하는 법을 배운다.
정의감을 가지고 자란 아이는 공정함을 배운다.
평온하게 자란 아이는 성실함을 배운다.
인정받으며 자란 아이는 자긍심을 배운다.
이해와 우정을 가지고 자란 아이는 세상을 사랑하는 법을 배운다.

아이들을 위해 가장 옳은 것은 무엇인가

그 여자가 인생에서 배운 가장 중요한 교훈은 완벽한 어머니의 길은
존재하지 않지만 좋은 어머니가 되는 길은 수없이 많다는 것이었다.
-질 처칠

아이들을 기르는 일만큼 어려운 일도 없습니다. 아이들이 원하는 것이 있을 때마다 그것을 쉽게 들어주는 것이 가장 쉽고 편할지도 모릅니다. 즉, 아이가 울면 텔레비전 앞에 앉히거나 장난감을 내미는 것입니다.

나중에는 아이들에게 왜 저녁 9시에 잠들어야 하는지 설명하기 귀찮고 힘들어서 그냥 10시가 넘도록 방치합니다. 아이들이 더 크면 '다른 아이들처럼' 밤늦게까지 데이트를 하도록 내버려두는 것이 속 편할지도 모릅니다.

그러나 진정한 사랑은 아이가 원하는 것을 단지 허락하는 것이 아닙니다. 당신이 아이들을 위해서 할 수 있는 최선을 요구합니다. 당신은 아이들을 사랑합니다. 결정하십시오! 아이들을 위해서 무엇이 가장 옳은 것인지.

어린이는 말보다 행동에 집중한다

거울을 마주하면 당신 자신의 얼굴만 볼 수 있을 뿐이지만 당신의 아이를 마주하면 마침내 다른 모든 이들이 어떻게 당신을 보아왔는지 알 수 있다. -다니엘 래번

어린이를 위한 도덕의 기초는 단순합니다. 정직함을 가르치는 부모가 스스로 정직하지 못하면 문제가 발생합니다.

   자식들에게 끊임없이 진실하라고 가르치는 부모가 있습니다. 어느 날, 집에 전화가 왔는데 부모가 아이에게 이렇게 말합니다. 만약 엄마 아빠를 찾거든 집에 없다고 이야기하라고. 이때 아이들의 반응은 어떨까요? 부모를 위한 거짓말은 언젠가 다시 부모를 향한 거짓말로 돌아올 것입니다.

   또 자녀에게 준법정신을 교육하는 부모가 있습니다. 하지만 자동차를 운전할 때 아무렇지 않게 교통신호를 위반하고 달아납니다. 이때 아이가 배우는 것은 무엇일까요? '법을 어기더라도 잡히지 말아야 한다'는 것이 아닐까요?

   참다운 교육은 실천에서 나옵니다.

눈물이 웃음으로

웃음은 두 사람 사이를 연결시켜주는 최단 거리이다. -빅터 보게

우리 집안의 장손녀가 두 살 때 일입니다. 무슨 일 때문이었는지 손녀가 울고 있었습니다. 손녀가 나의 관심을 끌기 위해 우는 것이 아닐까 생각했습니다. 나는 부엌으로 들어가며 소리쳤습니다.
"선샤인, 잠깐만 기다려. 울지 마!"
나는 손녀에게 커다란 그릇을 내밀며 말했습니다.
"할아버지에게는 네 눈물이 무척 소중하단다. 단 한 방울도 잃어버리고 싶지 않아. 그러니 네 눈물을 이 그릇에 모으는 게 어떨까?"
정말 재미있게도 손녀의 눈물은 웃음으로 변했습니다.

아이들은 사랑이 있는 곳에 머문다

가족이란 네가 누구 핏줄이냐가 아니야. 네가 누구를 사랑하느냐는 거야. −트레이 파커

한번 시험해 보십시오!

집에 전화벨이 울리면 가족들이 전화를 받으러 달려오겠지요. 그럼 먼저 당신이 전화를 받으십시오. 당신의 아이도 옆에 서 있겠지요. 그러면 밝은 목소리로 전화기에다 이렇게 말해 보세요.

"여보세요. 몰리의 자랑스러운 엄마입니다. 누구를 바꿔 드릴까요?"

"여보세요. 폴의 자랑스러운 아빠입니다."

처음 몇 번은 당신도 약간은 쑥스럽겠지요. 옆에 있던 당신의 아이도 처음에는 어깨를 으쓱하면서 "에구, 엄마!" 또는 "에구, 아빠!" 하고 말할지도 모릅니다.

하지만 나는 보증합니다. 다음에 전화벨이 울리면 당신

의 아이는 당신이 또 그렇게 말해주길 바랄 것입니다. 이유는 간단합니다. 아이에 대한 당신의 사랑을 말로 표현함으로써 강한 감동을 주는 것입니다.

사랑을 적극적으로 보여주십시오. 사랑이 있는 곳에 감동이 흘러넘칩니다.

날마다 성격이 형성된다

교육이 한 인간을 양성하기 시작할 때의 방향이 훗날 그의 삶을 결정할 것이다. -플라톤

어느 날, 면도를 하는데 아들이 놀라워하며 물었습니다.

"아버지, 머리가 어떻게 된 거예요?"

"세면대에 샴푸를 쏟아서 그걸 머리카락에 우선 발라놓았다. 샤워는 몇 분 뒤에 할 거야."

"그걸 낭비했다고 아버지를 비난할 사람은 없어요."

부모는 모든 상황에서 자녀에게 일정한 원칙을 보여줄 기회를 잡아야 한다는 것이 내 소신입니다. 그래서 나는 미소 지으면서 아들에게 설명했습니다.

"네가 누리는 것들은 우리가 이처럼 '사소한' 것을 아끼고 잘 이용했기 때문에 가능한 거란다."

성격의 기초는 강의에 의해 형성되는 것이 아닙니다. 날마다 벽돌을 쌓듯 좋은 사례를 쌓아올리는 데 있습니다.

노력을 칭찬해 주어라

성공은 당신이 최선을 다했다는 것을 알 때 나오는 마음의 평화이다.
-존 우던

심리학자인 캐롤 드웩에 따르면, 탁월하게 좋은 학업성적이 높은 지능에서 비롯된 것이라는 칭찬을 들은 아이들은 '자신의 성취를 지능으로 측정하는 법'을 배우게 된다고 합니다. 그렇기 때문에 만일 자신의 성취가 저하되거나 저조할 때 아이들은 실망하게 됩니다.

하지만 드웩에 의하면 '노력이야말로 성공에 이르는 열쇠'라는 가르침을 배운 아이들은 실패한 이후에도 계속해서 노력한다고 합니다.

자녀가 시험에서 좋은 성적을 냈을 때 부모가 아이에게 이렇게 말해주는 것이 장기적으로는 좋은 효과를 냅니다.

"이 점수를 받기 위해 정말 열심히 노력했구나. 그건 숙제를 열심히 한 것뿐만 아니라 학교에서의 좋은 학습 습관에서 비롯된 것이기도 해. 그래서 난 네가 자랑스럽구나."

머리가 좋고 영리한 것에 대해 칭찬하기보다는 노력에 대해 아이들을 칭찬해 주십시오. 평생 동안 지속될 습관이 형성되게 될 것이며 평생의 승자가 될 것입니다.

아이들은 부모를 그대로 따라 한다

평범한 선생은 말한다. 좋은 선생은 설명한다. 우수한 선생은 시범을 보인다. 위대한 선생은 영감을 고취시킨다. -윌리엄 아서 워드

초등학교 1학년 때 담임이었던 데먼트 워렌 부인은 나에게 책 읽는 법을 가르쳐주었습니다. 6학년 때 담임인 J.K. 윌리 여사는 책 읽는 것을 좋아하도록 만들어주었습니다.

부모는 자녀에게 좋은 책, 잡지, 기사를 읽는 걸 좋아하도록 만들어주어야 합니다. 아이들은 무엇이든 잘 따라 합니다. 만약 부모가 텔레비전보다 좋은 책에 둘러싸인 모습을 자녀가 자주 보게 된다면, 분명 아이들은 부모를 똑같이 따라 할 것입니다. 덧붙여, 자녀에게 책을 읽어주십시오.

한 번쯤 이 점에 대해 고려해보기 바랍니다. 당신이 독서를 좋아한다는 사실을 보여주십시오. 그럼 당신의 아이들도 따라 할 것입니다.

사랑을 배우다

꿀벌이 존중을 받는 것은 꿀벌이 하는 노동 때문이 아니라 꿀벌이 다른 사람을 위해 하는 노동 때문이다. -세인트 존 크리소스톰

초등학교 1학년 때 일입니다. 나는 아이들이 앓는 온갖 질병을 달고 사느라 몇 개월 동안 학교를 결석하게 되었습니다. 당시 담임이었던 데먼트 워렌 부인이 아니었더라면 나는 1학년을 제대로 다니지 못하고 유급했을 것임이 틀림없습니다.

당시 담임선생님은 매주 2번씩 우리 집에 와서 1시간씩 수업을 하고, 숙제를 내줌으로써 내가 학교 진도를 따라갈 수 있도록 도와주었습니다.

나에게 보여준 선생님의 애정 어린 '독선생 노릇'과 친절은 내 책과 테이프와 세미나를 통해 나를 알게 되었던 다른 사람들에게도 영향을 미치게 되었습니다.

무엇을 교육할 것인가

젊은 세대들이 어디로 향하고 있는가라는 점을 의아하게 생각하는 부모는 이들이 어디서부터 왔는지를 기억해야 한다. -샘 어윙

한때 현자가 이런 말을 했습니다.

"우리는 아이를 그가 성장해야 할 방식으로 훈련시켜야 함에도 불구하고 우리 자신이 했던 방식으로 훈련시키고 있음이 분명하다."

우리는 우리가 알고 있는 사람을 가르치면서 현재의 우리를 재생산합니다. 하지만 그들은 우리가 행한 모든 것을 믿게 될 것입니다.

당신이 부모이든, 교육자이든, 정치가이든, 고용주이든, 매니저이든 간에 당신이 다른 사람에게 전해주고 있는 가장 중요한 일은 성장, 발달, 영감 고취라는 점을 명심해야 합니다. 그중에서도 특히 당신이 직접적으로 담당하고 있는 그런 자녀들에게 말입니다.

부모로부터 배우는 것

재능이 스스로 기회를 만든다는 말을 우리는 종종 듣는다. 하지만 때로는 강렬한 욕망이 그 나름의 기회를 만들 뿐만 아니라 그 나름의 재능도 만들어낸다. -에릭 호퍼

덕 블레빈은 침대에 누워 지내거나 아니면 열정적으로 휠체어를 돌리며 인생을 보냈습니다. 비록 덕은 축구공 한 번 차 본 적 없고, 땅에 발을 내디딘 적도 없지만 그는 마이애미 돌핀스의 축구 코치입니다.

부모덕에 덕은 어린 시절부터 자신이 달리고 공을 찰 수 없다는 점을 깨닫게 되었습니다. 하지만 그는 생각하고, 공부하고, 계획을 세우고, 준비하고, 기대하는 법을 부모로부터 배웠습니다.

모든 부모에게 권장하고 싶습니다. 덕과 같이 할 수 있도록 여러분의 자녀에게 가르쳐 보십시오. 부모의 지도 아래 덕은 모든 일을 할 수 있었으며 그래서 그는 성공하게 되었습니다.

아이들에게 사랑은 시간이라는 두 글자다

제가 강조하고 싶은 것은 미소 짓는 것이 어려울 때일수록 서로에게 미소로 대해야 한다는 것입니다. 서로에게 미소를 베풀고 여러분의 가족을 위한 시간을 할애해야 합니다. —마더 테레사

젊은 청년 한 명이 재판에서 징역형을 선고받았습니다. 판사는 어린 시절부터 젊은이와 그의 아버지를 잘 알고 있었습니다. 그의 아버지는 유명한 법률가였습니다.

"자네는 아버지를 기억하나?"

판사가 청년에게 물었습니다.

"기억합니다, 재판장님."

그가 대답했습니다. 판사는 다시 그에게 물었습니다.

"그분은 훌륭한 법률가였어. 그러나 지금 자네는 감옥으로 가야 할 처지이네. 아버지를 생각한다면 무슨 할 말이 없는가?"

정적이 흘렀습니다. 잠시 후 판사는 예상외의 답변을 들었습니다.

"제가 기억하는 아버지는 언제나 두꺼운 책 앞에 계셨습니다. 제가 무언가 조언을 듣고자 다가갈 때면 아버지는 언제나 저에게 '바쁘다'는 단 한마디 말밖에 하지 않았습니다. 재판장님은 제 아버지를 위대한 법률가로 기억하겠지만 저에게는 단지 바쁜 사람이었을 뿐입니다."

우리의 아이들은 무엇보다도 우리의 시간을 필요로 합니다. 그것도 가능한 한 많은 시간을 원합니다.

아들과 아버지

기념물이란 무엇인가? 과연 무엇을 기념물이라고 하는가? 피라미드는 자신을 쌓아올린 축조자들을 잊어버렸다. 돌덩이들이 아니라 행동이야말로 위대함의 진정한 기념물이다. −존 L. 모틀리

서른다섯 살쯤으로 보이는 한 젊은이가 예순 살쯤으로 보이는 자기 아버지와 식사를 하고 있었습니다. 젊은이의 아버지는 아마 마비가 온 모양이었습니다. 그의 말은 어눌했고 움직임마저 힘들어 보였습니다. 그들 부자를 지켜보며 나는 젊은 아들이 아버지에게 다정하고 사랑스럽고 인내하며 공감하는 방식으로 말하는 모습에 감동을 받았습니다. 젊은 아들은 아버지의 모든 일에 관심을 기울이며 함께 있는 것을 정말로 즐거워했습니다.

나중에 나는 아들과 이야기할 기회가 있었습니다. 나는 그가 아버지를 사랑과 인내로 대하는 것을 칭찬했습니다. 그는 나에게 감사를 표하며 이렇게 대답했습니다.

"아버지는 평생 저를 인내와 사랑으로 대해주었습니다."

사랑하는 위치에 있다는 것

아이들은 어른의 말을 귀 기울여 듣는 법이 없다. 그럼에도 불구하고 아이들은 어김없이 어른들을 흉내 낸다. −제임스 볼드윈

우연히 한 가게에서 한 아버지와 아름다운 두 딸의 모습을 보았습니다. 두 딸은 아버지에게 '마카레나' 춤을 가르쳐주고 있었습니다. 두 딸은 시범을 보이며 아버지에게 어떻게 춤을 추어야 하는지 가르쳐주었습니다. 아버지는 영 혼란스러워 보였습니다. 작은 딸아이는 재미있어 죽겠다는 듯 웃음을 터뜨리고는 했습니다.

   아버지가 늙어 가게 되면 이 딸들은 아마도 아버지를 극진히 모실 것입니다. 왜냐하면 지금 현재 아버지가 딸들을 그처럼 사랑으로 대하고 있기 때문입니다.

   뿌리는 대로 거둔다는 말이 있듯, 만약 당신이 가족 안에서 그처럼 사랑하는 위치에 이미 있다면 그 점에 감사해야 할 것입니다.

자녀를 위한 가장 큰 선물은?

남편들이여, 예수님이 교회에 보였던 것과 같은 사랑을 그대들의 아내들에게도 보여주어라. -에베소서 5장 25절

내 아들이 열다섯 살 정도 되었을 때 있었던 일입니다. 산책을 하다가 아들에게 물었습니다.

"누가 아빠의 가장 존경스러운 점에 대해 묻는다면 너는 뭐라고 대답할래?"

그러자 아들은 이렇게 대답했습니다.

"전 아빠가 엄마를 사랑하는 게 가장 좋고 존경해요."

"아들아, 왜 그렇게 생각하는지 말해줄 수 있겠니?"

"아빠가 엄마를 사랑하기에 엄마에게 항상 잘해주고, 또 그렇게 잘하니까 우리는 언제나 행복한 가족인 거잖아요. 또 엄마도 아빠를 굉장히 사랑하고요. 두 분 모두 제게 정말로 소중한 사람이에요. 전 아빠와 엄마가 무척 고맙고 자랑스러워요."

결혼반지

행복한 결혼은 완벽한 부부가 만났을 때 이루어지는 게 아니다. 불완전한 부부가 서로의 차이점을 즐거이 받아들이는 법을 배울 때 이뤄지는 것이다. −데이브 모이러

옆의 사람이 결혼반지를 오른손 검지에 끼고 있는 것이 눈에 띄었습니다. 궁금해서 그에게 물었습니다.

"저기, 결혼반지를 잘못된 손가락에 낀 것 아닙니까?"

그랬더니 그가 대답했습니다.

"네, 저는 아무래도 잘못된 여자와 결혼한 듯합니다."

많은 사람이 결혼에 대해 잘못된 사고를 가지고 있습니다. 물론 잘못된 사람과 결혼할 수도 있습니다. 그러나 당신이 배우자를 사랑으로 감싸 안는다면 결국 좋은 배우자와 결혼을 한 것입니다. 반대로, 아무리 좋은 사람과 결혼하더라도 상대방을 바르게 대하지 못한다면 결과적으로 잘못된 결혼을 한 것입니다. 간단히 말해 당신이 결혼을 잘했느냐 못했느냐는 우선적으로 당신에게 달려 있습니다.

연애에서 사실을 부정하는 것은
비극적인 결말의 서막이다

가장 흥분되는 것은 그것을 하지 않는 것이다. 만일 누군가와 사랑에 빠졌는데 결코 사랑을 하지 않으면, 훨씬 더 흥분된다. -앤디 워홀

혹시 이런 경험 없으십니까?

새로운 이성을 알게 되었습니다. 그런데 이렇게 스스로를 속이는 경험 말입니다.

"그냥 우리는 친구일 뿐이지."

나는 많은 사람이 이러한 경험을 한 적이 있다고 확신합니다. 실제로, 만난 지 얼마 되지 않은 경우 아마 진짜 이런 생각을 가질 수도 있습니다. 그러나 대부분의 경우에 있어 이 단순한 우정 관계는 시간이 지나면 지날수록 친구 이상의 관계로 변화하고 맙니다. 왜냐하면 상대방에 대한 지적인 혹은 직업적인 능력에 대한 존경심이나 그 밖의 여러 가지 관심이 깊어지기 때문입니다.

좋았던 애정 관계가 흔들리기 시작하면 자신을 부정하

게 됩니다.

'우리는 처음부터 잘못됐어.'

이렇게 된 경우에는 아무 일도 일어나지 않은 것처럼 위선을 떨면 안 됩니다. 그보다는 먼저 솔직히 현재 관계에서 어떤 일이 발생했는지를 인정하고, 다음으로 상대방에 대한 의지를 확인하십시오. 그리고 마지막으로 당신의 애정에 어떤 결점은 없었는지 되새겨 보십시오.

당신의 사랑은 지금 어디에 있는가

현명한 속담이 종종 메마른 땅에 떨어지지만, 친절한 말은 결코 불모지에 내동댕이쳐지는 법이 없다. —아서 헬프스

"당신은 정말 멋진 아내야. 당신 없는 나를 상상할 수 없어."

그는 이 말을 하며 아내에게 키스를 했습니다. 순간 아내는 모든 근심을 잊어버리게 되었습니다. 아내는 설거지를 하며 노래를 불렀고 이부자리를 개면서도 노래를 불렀습니다. 그 노랫소리는 이웃집까지 흘러갔고, 이웃집 여자도 그녀를 따라 노래를 불렀습니다. 이제 두 집이 행복하게 되었습니다.

한 남자가 오래된 아름다운 이야기를 시작했습니다. 아내를 향한 한 남자의 사랑을 속삭이고 아내에게 키스를 하고 칭찬했습니다. 아내의 입에서 노래가 흘러나왔고, 그들의 사랑은 멀리멀리 퍼져나갔습니다.

사랑 점검 리스트

낱말 하나가 삶의 모든 무게와 고통에서 우리를 해방시킨다. 그 말은 사랑이다. -소포클레스

1. 오늘 난 나의 배우자(연인)에게 사랑한단 말을 했는가?
2. 오늘 난 나의 배우자를 위해 인내심을 보였는가?
3. 오늘 난 나의 배우자에게 친절하게 대했는가?
4. 오늘 난 나의 배우자를 질투하고 시기하지는 않았는가?
5. 오늘 난 나의 배우자에게 이기적으로 굴지 않았는가?
6. 오늘 난 나의 배우자에게 일방적 요구를 하지 않았는가?
7. 오늘 난 나의 배우자를 미워하지는 않았는가?
8. 오늘 난 나의 배우자에게 진정으로 충실했는가?
9. 오늘 난 나의 배우자를 위해 최대한 노력했는가?

8장 명언 모음

부모란 자녀에게 사소한 것을 주어
아이를 행복하게 하게끔 만들어진 존재다 by 프레더릭 내시

칭찬받으며 자란 아이는 감사하는 법을 배운다. -도로시 놀트

그 여자가 인생에서 배운 가장 중요한 교훈은 완벽한 어머니의 길은 존재하지 않지만 좋은 어머니가 되는 길은 수없이 많다는 것이었다.
-질 처칠

거울을 마주하면 당신 자신의 얼굴만 볼 수 있을 뿐이지만 당신의 아이를 마주하면 마침내 다른 모든 이들이 어떻게 당신을 보아왔는지 알 수 있다. -다니엘 래번

웃음은 두 사람 사이를 연결시켜주는 최단 거리이다. -빅터 보게

가족이란 네가 누구 핏줄이냐가 아니야. 네가 누구를 사랑하느냐는 거야. -트레이 파커

교육이 한 인간을 양성하기 시작할 때의 방향이 훗날 그의 삶을 결정할 것이다. -플라톤

성공은 당신이 최선을 다했다는 것을 알 때 나오는 마음의 평화이다.
-존 우던

평범한 선생은 말한다. 좋은 선생은 설명한다. 우수한 선생은 시범을 보인다. 위대한 선생은 영감을 고취시킨다. -윌리엄 아서 워드

꿀벌이 존중을 받는 것은 꿀벌이 하는 노동 때문이 아니라 꿀벌이 다른 사람을 위해 하는 노동 때문이다. -세인트 존 크리소스톰

젊은 세대들이 어디로 향하고 있는가라는 점을 의아하게 생각하는 부모는 이들이 어디서부터 왔는지를 기억해야 한다. -샘 어윙

재능이 스스로 기회를 만든다는 말을 우리는 종종 듣는다. 하지만 때로는 강렬한 욕망이 그 나름의 기회를 만들 뿐만 아니라 그 나름의 재능도 만들어낸다. -에릭 호퍼

제가 강조하고 싶은 것은 미소 짓는 것이 어려울 때일수록 서로에게 미소로 대해야 한다는 것입니다. 서로에게 미소를 베풀고 여러분의 가족을 위한 시간을 할애해야 합니다. -마더 테레사

기념물이란 무엇인가? 과연 무엇을 기념물이라고 하는가? 피라미드는 자신을 쌓아올린 축조자들을 잊어버렸다. 돌덩이들이 아니라 행동이야말로 위대함의 진정한 기념물이다. -존 L. 모틀리

아이들은 어른의 말을 귀 기울여 듣는 법이 없다. 그럼에도 불구하고 아이들은 어김없이 어른들을 흉내 낸다. -제임스 볼드윈

남편들이여, 예수님이 교회에 보였던 것과 같은 사랑을 그대들의 아내들에게도 보여주어라. -에베소서 5장 25절

행복한 결혼은 완벽한 부부가 만났을 때 이루어지는 게 아니다. 불완전한 부부가 서로의 차이점을 즐거이 받아들이는 법을 배울 때 이뤄지는 것이다. -데이브 모이러

가장 흥분되는 것은 그것을 하지 않는 것이다. 만일 누군가와 사랑에 빠졌는데 결코 사랑을 하지 않으면, 훨씬 더 흥분된다. -앤디 워홀

현명한 속담이 종종 메마른 땅에 떨어지지만, 친절한 말은 결코 불모지에 내동댕이쳐지는 법이 없다. -아서 헬프스

낱말 하나가 삶의 모든 무게와 고통에서 우리를 해방시킨다. 그 말은 사랑이다. -소포클레스

지그 지글러의 긍정 메시지 제9장

슬픔은 자연히 해결된다
그러나 기쁨의 가치를
충분히 누리려면 기쁨을 나눌
누군가가 필요하다

by 마크 트웨인

행복의 정의

인생에서 당신의 성공을 측정하는 훌륭한 판단 기준은 당신이 얼마나 많은 사람을 행복하게 해주었는가라는 점이다. −로버트 J. 룸스든

사전에 의하면 행복의 정의는 다음과 같습니다.

"행복은 선善을 즐길 때 발생하는 기분 좋은 감각이다. 그것은 욕망이 만족되는 존재의 상태다."

행복은 고통 없는 쾌락의 즐거움입니다.

1828년 《웹스터 사전》은 이렇게 말하고 있습니다.

"관능적인 욕망의 만족으로부터 유도된 유쾌한 감각은 사람들에게 일시적인 행복을 부여하지만, 마음의 평화와 신의 은총을 누릴 때 진정 영원히 행복을 누릴 수 있다."

다른 사람은 당신에게 즐거움을 줄 수 있습니다. 하지만 당신이 타인을 위해 무언가 하지 않고서는 결코 행복할 수 없을 것입니다. 행복은, 욕망하는 바로 그로부터 나올 뿐 아니라 다른 사람에게 혜택을 주는 행위로부터 비롯합니다.

세상에서 가장 가난한 사람은
웃음이 없는 사람이다

곳곳에서 느끼는 기분 좋은 감각을 주로 한 곳에서 표현한 것이 웃음이다. -조쉬 빌링스

웃어 봅시다! 칭찬합시다! 밝은 미소를 보내면 그들도 당신에게 따뜻한 웃음을 돌려줄 것입니다. 그러면 자동적으로 당신은 더욱 즐겁고, 큰 기쁨을 느낄 것입니다. 만약 상대가 웃지 않아도 문제 될 것은 없습니다. 당신은 이미 사람들에게 웃음을 선사함으로써 마음의 부자가 된 것입니다.

한 사람을 칭찬하거나, 예의 바르게 대한다면 그는 직접적인 호의를 받는 것입니다. 상대방을 기쁘게 하는 것은 스스로 즐거워지는 일입니다.

사람을 기쁘게 만드는 방법 가운데 하나는 낙관적인 사고와 기분 좋은 격려를 널리 퍼뜨리는 것입니다. 누구나 쾌활하고 낙관적인 사람을 만나면 자연스럽게 즐거워집니다.

자, 웃읍시다! 당신의 몸과 마음을 다해, 하하!

과연 쾌락이 행복을 보장해 주는가

행복한 사람과 마주치는 것보다 더욱 즐거운 것은 거의 없다.
–프랭크 클락

인생에서 약간의 쾌락도 없이 행복할 수 있는 사람은 없다고 확신합니다. 대다수의 사람에게 쾌락은 중요합니다.

여기에 어떤 쾌락에 빠져들기 전에 사용해볼 필요가 있는 줄자가 있습니다.

"이 쾌락을 무한 반복하면서도 여전히 행복할 것인가?"

만약 그 대답이 "아니요."라면 그런 쾌락에 빠져드는 것을 경계해야 합니다.

그레타 파머는 현명하게도 이렇게 말한 바 있습니다.

"자기 자신의 행복뿐 아니라 다른 대상에게 마음을 여는 사람이야말로 행복한 사람이다. 타인의 행복, 인류의 향상 심지어 예술이나 수단이 아니라 이상적인 목적 그 자체를 추구하는 것으로부터 행복이 나온다."

타인을 배려함으로써 나를 지키는 법

예의와 타인에 대한 배려는 푼돈을 투자해 목돈으로 돌려받는 것이다. -토머스 소웰

가장 상궤를 벗어난 권투 경기가 30년대에는 비일비재하게 일어났습니다. 이 경기에서 한 권투 선수는 전대미문의 사건으로 스스로 녹다운 당했습니다. 그는 상대 선수에게 스윙을 휘둘렀지만, 자기 자신을 때리는 것으로 끝장이 났습니다. 그의 펀치는 의도된 목표물을 빗나가며 자기 자신의 얼굴을 때리게 되었습니다.

    이렇듯 성질을 폭발함으로써 우리는 얼마나 자주 자기를 파괴하고 있습니까? 얼마나 자주 사랑하는 사람들에게 예의 없이 굴고 있습니까? 혹은 낯선 사람에게 얼마나 자주 무례를 범하고 있습니까?

    타인에 대한 배려는 상대뿐 아니라 자기 파괴를 줄일 수 있는 기회를 가져다줄 것입니다.

인생은 탄력적으로 튀는 공과 같다

우리가 우리의 행동을 결정하는 것만큼이나 우리의 행동이 우리를 결정한다. -조지 엘리엇

인생이란 탄력적으로 튀는 공과 같습니다. 공을 보내면 공은 되돌아옵니다. J. 앨런 피터슨 박사에 따르면, 우리가 다른 인류에게 줄 수 있는 최상의 선물은 훌륭한 것을 기대하도록 해주는 것이라고 합니다. 그는 이렇게 말합니다.

"최선의 것을 기대하는 것은 한 사람의 개별성, 고유성, 힘을 실제적으로 긍정하는 것이다. 그것은 다른 사람으로부터 상호작용을 이끌어내는 격려가 된다."

성경의 원칙에 따르면 '주라, 그러면 되돌아올 것이다'입니다. 이 원칙은 감사를 표현하는 데도 적용됩니다. 이는 일상생활에서 황금률을 적용하는 또 다른 방식입니다. 당신이 대접받고 싶은 대로 다른 사람을 대접하라는 황금률 말입니다.

동정하는 마음

누구보다도 자기 자신에게 먼저 상처주고 자기 자신을 강탈하지 않고서 다른 사람에게 상처주고 다른 사람을 강탈하는 것은 불가능하다.
-에머슨

1988년 7월 3일, 미 해군 빈센스 항공모함의 함장은 미사일을 발사해 이란 항공기를 격추시켰고, 이 일로 290명의 승객이 사망했습니다. 하지만 이 비극에 대해 미국의 모든 사람이 양심의 가책을 느낀 것은 아니었습니다. 많은 사람들은 이란에 볼모로 잡혀 있던 미국인 인질이 어떤 대우를 받았는지 생생한 기억을 갖고 있었기 때문이었습니다.

이 와중에 로널드 레이건 대통령은 희생자 가족에게 보상을 하려고 했습니다. 이에 한 기자가 반박했습니다.

"그런 식으로 유족에게 지불하는 것이 잘못된 메시지를 전달하는 것일 수 있지 않을까요?"

그러자 레이건 대통령은 이렇게 말했습니다.

"동정심이 나쁜 선례를 남긴 적을 본 적은 없습니다."

애정의 시선

마음속으로 어떤 사람을 별볼일없는 인간으로 취급하고 있다면, 당신은 그 사람 면전에서도 그가 중요한 인물로 대접받고 있다는 느낌을 그에게 전달할 수 없을 것이다. -레스 기블린

몇 해 전, 이런 편지를 받았습니다.

"지그 씨, 내 이름은 스콧 알렌입니다. 전 당신을 로즈웰의 한 침례교회에서 올해 처음 만났습니다. 나는 열두 살입니다. 당신은 나를 쳐다보며 내 주위를 한 번 돌았어요. 그러면서 이렇게 말했습니다. '그래, 넌 승자가 될 수 있을 거야.' 내가 얼마나 잘하고 있는지 당신께 알려드리고 싶었습니다. 난 승자가 될 수 있을 거예요. 이제 친구도 많이 사귀었습니다. 당신의 애정에 정말 감사합니다. 일등을 해서 당신을 만나 뵙고 싶어요. 안녕, 스콧 알렌으로부터."

친숙해지는 첫 번째 단계

귀 기울여 듣고, 주의하고, 자신을 성찰할 때 친구들은 당신의 훌륭한 통찰을 인정해줄 것이며 당신의 고유한 가치를 인정하게 된다. 친구가 당신의 가치를 평가해줄 것이다. -게일 셔비

오늘이 지나면 틀림없이 내일이 오는 것처럼, 우리는 도움 또는 친구를 필요로 할 때가 있습니다. 혹은 두 가지 모두 필요한 경우도 있습니다. 사고, 질병, 비극, 권태, 고독 등 모든 것이 결국 인생을 구성하는 요소들입니다.

친구는 또한 보다 좋은 시간을 만들어주고 인생의 즐거움을 높일 뿐 아니라 우리의 건강과 행복에 기여합니다. 그렇다면 당신은 어떻게 친구를 사귀고 있습니까?

단순한 것부터 시작하십시오. 유쾌한 미소와 즐겁고 낙관적이며 긍정적인 태도와 품위 있는 매너를 가지십시오. 모든 사람은 우호적인 관심사를 좋아합니다. 그것이 서로 친숙해지는 첫 번째 단계입니다. 일단 친숙해지면 우정을 키우는 위치에 서게 됩니다.

우정의 가치

천 명의 친구가 있어도 의지할 친구 하나 없고, 한 명의 적이 있어도 어디를 가나 그를 만나게 될 것이다. -알리 이븐-아비-탈리브

한 무명작가는 '친구'에 대해 이렇게 말한 바 있습니다.

"내 인생에서 친구는 현관에 서 있는 기둥과 같다. 때로 나를 떠받쳐주기도 하고 어떤 때는 그들이 나에게 기대기도 한다. 이따금 그들이 내 옆에 서 있는 것만으로 충분하다."

엘리자베스 폴리는 이렇게 지적한 바 있습니다.

"친구란 즐거움을 배가시키고 슬픔은 반감시킨다."

친구는 많은 것을 요구합니다. 이타심, 다른 사람에 대한 진정한 배려, 말하고 싶을 때 귀 기울여 들어주는 것 등. 우정은 값을 매길 수 없을 정도로 소중한 것입니다.

다른 사람의 기쁨은
나에게 더 큰 행복으로 돌아온다

행복의 비결은 남으로 하여금 자신이 행복을 주는 존재라고 믿게 만드는 것이다. -알 배트

한 사람이 천당과 지옥을 동시에 여행하게 되었습니다. 겉보기에는 천국과 지옥은 같아 보였습니다. 사람들은 의자에 묶인 채 테이블 앞에 앉아 있었습니다. 그들의 손에는 칼과 포크가 쥐여져 있고, 테이블 위에는 진수성찬이 가득했습니다.

먼저 지옥을 찾았는데, 그곳의 사람들은 활기라고는 전혀 보이지 않았습니다. 그들은 테이블 위에 가득한 음식을 그저 쳐다보기만 할 뿐 먹지 못하고 있었습니다. 몸이 묶여 있어 음식이 입에 닿지 않았기에 그들은 배를 곯아 뼈와 가죽만 남아 있었습니다. 그 상황에 그들이 들고 있는 칼과 포크는 전혀 쓸모없는 것이었습니다.

이번에는 천국으로 향했습니다. 같은 조건 속에 앉아 있

는 천국의 사람들은 놀랍게도 아주 건강하고 즐거워 보였습니다. 어떻게 같은 환경에서 이렇게 다른 결과가 만들어졌을까요?

천국의 사람들은 스스로는 먹을 수는 없었지만 테이블 맞은편의 사람에게 서로 음식을 먹여줌으로써 행복을 찾았던 것입니다. 그들은 상대를 도와주는 것이 스스로를 돕는다는 것을 알고 있었습니다.

행복은 주고받으며 시작된다

다른 사람들에게 자신의 가장 소중한 것을 베푼다면 당신 또한 그들로부터 그들의 가장 소중한 것을 얻게 된다. -하비 파이어스톤

걸프 전쟁을 승리로 이끈 슈와르츠코프 장군이 유명 여성 앵커인 바바라 월터스와 인터뷰할 때의 일입니다. 바바라가 장군에게 물었습니다.

"당신이 생각하는 리더십은 어떤 것인가요?"

그는 잠시 생각하더니 이렇게 답했습니다.

"먼저 리더는 능력이 있어야 합니다. 그리고 인격을 갖춰야 합니다. 또 과감하게 실천할 수 있어야 합니다. 마지막으로, 리더는 윤리적으로 올바른 일을 위해 행동할 줄 알아야 합니다. '능력, 인격, 실천력, 정의감' 바로 이 네 가지는 사업을 성공으로 이끄는 데 절대적으로 필요한 자질이기도 합니다."

바바라가 그에게 다음 질문을 던졌습니다.

"당신의 비석에 어떤 내용이 새겨지기를 원하나요?"

답변을 생각하던 장군의 눈에 갑자기 작은 이슬이 맺혔습니다. 그가 이야기했습니다.

"그는 가족과 부하들을 사랑했다. 그리고 그들도 모두 그를 사랑했다. 이렇게만 쓰인다면 나는 행복할 것입니다."

다른 사람의 입장을 이해하는 능력을 갖는 것은 아주 중요합니다. 당신이 다른 사람의 감정이 어떤 것인지 진실로 안다면 그 사람과 아주 자연스럽게 대화할 수 있을 것입니다. 그리고 그 사람을 효과적으로 리드할 수 있습니다.

다른 사람을 변화시키는 최선의 방식은
우리 자신을 변화시키는 것이다

세상에서 보기를 바라는 변화, 스스로 그 변화가 되어야 한다.
—마하트마 간디

대단히 이상한 이유로, 대개 사람은 자기 자신이 아니라 자기 주변의 사람들이 변해야 한다고 생각합니다. 그것은 우리 배우자의 잘못이며, 우리 사장의 잘못이며, 우리 정부의 잘못이며, 우리 학교의 잘못이며, 우리 사회의 잘못이라고 우리는 주변을 끊임없이 탓합니다. 또한 자기 주변 사람들이 변한다면 그들이 좀 더 성공하고 완벽하게 행복해질 수 있으리라 믿습니다.

단 한 순간만이라도, 부모가 거의 손쓸 수 없다고 생각하는 나이대인 12~14세 사이의 연령대를 생각해 보십시오. 그들이 스물다섯 살에 이르게 될 무렵이면, 자기 부모로부터 얼마나 많은 것을 배웠는지 깨닫고 놀라게 될 것입니다.

진정한 칭찬은
우리 모두에게 승리를 안겨준다

아름다운 눈을 갖고 싶으면 다른 사람들에게서 좋은 점을 보아라. 아름다운 입술을 갖고 싶으면 친절한 말을 하라. 또한 아름다운 자세를 갖고 싶으면 결코 너 자신이 혼자 걷고 있지 않음을 명심해서 걸어라.
-오드리 헵번

칭찬을 나누는 데 망설이는 이유 중 하나는 그것이 잘못 받아들여질지 모른다는 염려 때문입니다.

만약 한 청년이 사업 관계 모임이나 공식적인 자리에서 매력적인 여성에게 다가가 이렇게 인사말을 건넨다면 어떨까요.

"옷이 잘 어울리네요."

아마 그녀는 그의 동기를 궁금해할 것입니다.

또, 당신이 안면이 있는 한 남자에게 이렇게 말한다면 어떨까요.

"오늘 멋지네요."

아마 그는 단순한 인사치레 혹은 돈이라도 빌리기 위한 아부라고 생각할 수도 있습니다.

위의 두 가지 사례에서, 진심으로 칭찬한 것이었다 하더라도 우리는 종종 오해에 대한 우려 때문에 그 칭찬을 받아들이지 못할 때가 있습니다.

진실한 칭찬은 주는 사람과 받는 사람을 모두 기쁘게 합니다. 칭찬을 나누는 것은 결과적으로 모두가 승리하는 것입니다. 겁먹지 마십시오! 칭찬합시다!

말 한마디에 천 냥 빚도 갚는다면
격려 한 번은 대체 얼마의 값일까?

때때로 우리가 작고 미미한 방식으로 베푼 관대함이 누군가의 인생을 영원히 바꿔놓을 수 있다. −마거릿 조

뉴욕의 한 사업가가 지하철역으로 들어갔습니다. 그는 플랫폼에서 구걸을 하며 연필을 팔고 있는 한 남자를 발견하고 그 앞에 놓인 컵에 1달러를 떨어뜨렸습니다. 그리고는 지하철을 타기 위해서 서둘러 발길을 옮겼습니다.

잠시 후, 사업가는 무슨 생각이 들었는지 다시 구걸하는 남자에게로 돌아왔습니다. 그는 걸인의 컵에서 몇 자루의 연필을 뽑아 들면서 말했습니다.

"연필을 가져가는 것을 깜박했군요. 나나 당신이나 사업하는 사람 아닙니까. 제가 연필을 가져가는 것이 공정한 거래라는 것을 이해하지요?"

몇 달 후, 아주 말끔하게 차려입은 한 세일즈맨이 그 사업가를 찾아와 자신을 소개했습니다.

"아마도 당신은 저를 기억하지 못할 것입니다. 그러나 나는 당신을 잊을 수 없습니다. 당신은 나에게 자긍심이란 것을 되찾아준 사람입니다. 당신이 나를 사업가라고 불러주기 전까지 나는 길에서 돈을 구걸하며 연필을 파는 거지에 불과했습니다. 그러나 당신의 그 한마디로 나는 다시 태어났습니다."

한마디의 격려가 다른 사람에게 무엇과도 바꿀 수 없는 힘이 된다는 것을 지금까지는 몰랐을 수도 있습니다. 그러나 지금부터는 주저하지 마십시오.

긍정적인 사고와 태도는
긍정적인 결과와 반응을 낳는다

어리석은 자는 멀리서 행복을 찾고, 현명한 자는 자신의 발치에서 행복을 키워 간다. -제임스 오펜하임

공항에서 있었던 일입니다. 그날 공항 안은 탑승객들로 인산인해를 이루고 있었습니다. 대략 천 명이 넘는 사람들로 북적이며 그야말로 아수라장이었습니다. 항공권 발권 창구에는 대기 줄이 길게 이어져 있었습니다.

나와 아들은 항공권을 담당하는 직원 앞으로 다가가 보통 때처럼 반갑게 인사를 했습니다.

"안녕하십니까? 정말 좋은 아침이죠?"

그 직원은 나를 한참 쳐다보다가 약간은 화가 난 목소리로 이렇게 대답했습니다.

"지금 저에게 말하신 건가요?"

나는 그 직원에게 미소를 지으며 이렇게 대답했습니다.

"물론 당신에게 인사한 거지요. 한번 생각해 보세요. 우

리 주위에는 직업이 없는 사람, 입을 옷이 없는 사람도 많습니다. 그 밖에도 지금의 우리보다 어려운 처지에 있는 사람이 더 많습니다. 그들과 비교한다면 이 정도 소란스럽고 힘든 건 괜찮은 편 아닌가요?"

그는 조금 당황한 것처럼 보였지만 곧 환한 모습으로 바뀌었습니다.

"고맙습니다, 손님. 저에게 정말 소중한 것을 상기시켜 주셨네요."

나와 아들은 비행기에 몸을 실었고 그 직원은 남아 있는 손님들에게 예의와 정성을 다해 인사를 했습니다.

9장 명언 모음

슬픔은 자연히 해결된다, 그러나 기쁨의 가치를 충분히
누리려면 기쁨을 나눌 누군가가 필요하다 by 마크 트웨인

인생에서 당신의 성공을 측정하는 훌륭한 판단 기준은 당신이 얼마나
많은 사람을 행복하게 해주었는가라는 점이다. -로버트 J. 룸스든

곳곳에서 느끼는 기분 좋은 감각을 주로 한 곳에서 표현한 것이 웃음
이다. -조쉬 빌링스

행복한 사람과 마주치는 것보다 더욱 즐거운 것은 거의 없다.
-프랭크 클락

예의와 타인에 대한 배려는 푼돈을 투자해 목돈으로 돌려받는 것이
다. -토머스 소웰

우리가 우리의 행동을 결정하는 것만큼이나 우리의 행동이 우리를 결
정한다. -조지 엘리엇

누구보다도 자기 자신에게 먼저 상처주고 자기 자신을 강탈하지 않고
서 다른 사람에게 상처주고 다른 사람을 강탈하는 것은 불가능하다.
-에머슨

마음속으로 어떤 사람을 별볼일없는 인간으로 취급하고 있다면, 당신
은 그 사람 면전에서도 그가 중요한 인물로 대접받고 있다는 느낌을

그에게 전달할 수 없을 것이다. -레스 기블린

귀 기울여 듣고, 주의하고, 자신을 성찰할 때 친구들은 당신의 훌륭한 통찰을 인정해줄 것이며 당신의 고유한 가치를 인정하게 된다. 친구가 당신의 가치를 평가해줄 것이다. -제일 셔비

천 명의 친구가 있어도 의지할 친구 하나 없고, 한 명의 적이 있어도 어디를 가나 그를 만나게 될 것이다. -알리 이븐-아비-탈리브

행복의 비결은 남으로 하여금 자신이 행복을 주는 존재라고 믿게 만드는 것이다. -알 배트

다른 사람들에게 자신의 가장 소중한 것을 베푼다면 당신 또한 그들로부터 그들의 가장 소중한 것을 얻게 된다. -하비 파이어스톤

세상에서 보기를 바라는 변화, 스스로 그 변화가 되어야 한다.
-마하트마 간디

아름다운 눈을 갖고 싶으면 다른 사람들에게서 좋은 점을 보아라. 아름다운 입술을 갖고 싶으면 친절한 말을 하라. 또한 아름다운 자세를 갖고 싶으면 결코 너 자신이 혼자 걷고 있지 않음을 명심해서 걸어라.
-오드리 헵번

때때로 우리가 작고 미미한 방식으로 베푼 관대함이 누군가의 인생을 영원히 바꿔놓을 수 있다. -마거릿 조

어리석은 자는 멀리서 행복을 찾고, 현명한 자는 자신의 발치에서 행복을 키워 간다. -제임스 오펜하임

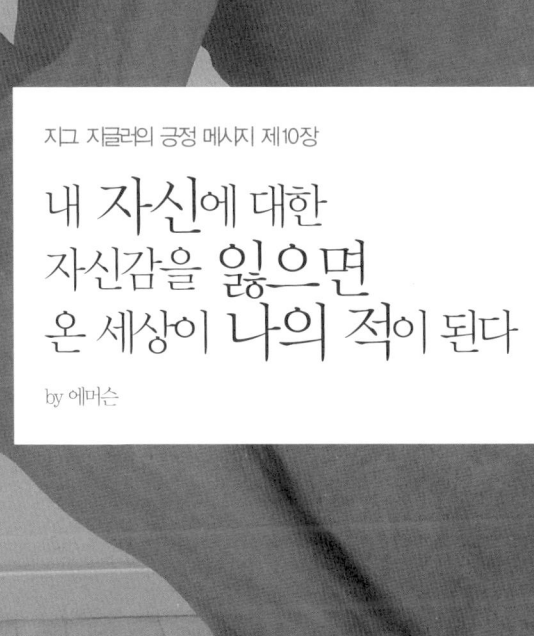

지그 지글러의 긍정 메시지 제10장

내 자신에 대한 자신감을 잃으면 온 세상이 나의 적이 된다

by 에머슨

누군가 나를 지켜보고 있다면?

정직하고 용기 있게 인생을 살면 경험을 통해 성장할 수 있다. 바로 이것이 인격을 쌓는 방법이다. —엘리너 루스벨트

한 실업계 고등학교에서 강연할 때의 일입니다. 첫 말문을 열었을 때는 단지 3분의 1의 학생만 집중하는 게 느껴졌습니다. 하지만 곧 사정이 달라졌습니다. 그 지방의 방송국에서 내 강연을 촬영하기 위해 카메라맨을 보냈기 때문입니다. 카메라맨이 무대 뒤에 서서 학생들을 촬영하기 시작하자 순간 참 재미있는 일이 벌어졌습니다. 학생들이 갑자기 허리를 곧추세우고 초롱초롱한 눈빛을 보낸 것입니다.

우리 삶에도 스포트라이트가 있습니다. 도덕, 윤리, 의무에 관한 모든 것을 비춥니다. 카메라가 지켜보고 있다고 생각한다면 좀 더 정직하고 성실한 삶을 살 수 있을 것입니다. 오늘 일을 내일 사과하거나 구차하게 말하지 않아도 될 것입니다. 하늘의 카메라는 오늘 우리의 인격을 담습니다.

당신의 영혼도 고통받고 있지 않은가?

조화와 마음의 평화는 유행이나 경향과 상관없이 항상 같은 방향을 가리키는 도덕적 나침반을 따르는 데서 찾을 수 있다. -테드 코펠

캐서린 파웰은 23년 동안 도망자였습니다. 한 경찰관이 사망한 은행 강도 사건에서 그녀가 자동차를 몰았기 때문입니다. 극도의 불안과 흉악한 범죄에 참가한 죄책감으로 시달리다 그녀는 자수를 했습니다.

그녀는 육체적으로는 자수를 한 것이지만 정신적으로는 갱생을 얻은 것입니다. 스스로 만든 감옥 안에서의 삶은 단순히 몸이 갇혀 있는 것과는 비교도 되지 않는 엄청난 고통이었습니다. 판사가 8~12년까지의 징역형을 선고했을 때 그녀는 드디어 평온함을 느꼈고 안도와 희망의 밝은 미소를 지었습니다. 말로 표현할 수 없는 오랜 고난과 고독의 시간에서 풀려난 사람만 지을 수 있는 참된 미소였습니다. 혹시 당신의 영혼도 고통받고 있지는 않습니까?

최선을 다하는 것만으로 이미 승리자다

전문가를 신뢰하지 마라. 전문가적인 의견이 언제나 통하는 것만은 아니다. 만약 칠면조에게 물어본다면, 칠면조의 위 안에는 여치와 잔모래와 벌레로 가득 차 있음에 틀림없기 때문이다. -무명씨

나는 계속해서 갱신하며 '깨어질 수 없는' 기록에 도전하는 숫자에 매혹을 느낍니다. 진실로 말할 것 같으면, 기록은 깨어지기 위해 만들어집니다. 당신에 의해 그런 기록이 갱신될지 누가 알 수 있을까요.

우리는 모두 한때 이런 생각을 했을 것입니다.

'내가 과연 그런 일을 할 수 있을까?'

헌신과 준비와 강력한 노력을 통해 우리는 상상하는 것보다 훨씬 더 잘할 수 있다는 사실을 깨닫는 때가 있습니다. '전문가'의 의견에 휘둘릴 것이 아니라 당신 가슴속의 말들에 귀 기울이세요. 설사 성공하지 못한다 하더라도 그럼에도 당신은 '승리'합니다. 최선을 다하는 것만으로 당신은 이미 승리자이기 때문입니다.

당신의 능력을 이용할 수 있는 사람은 당신 자신뿐이다

우리가 가진 능력보다 진정한 우리를 훨씬 잘 보여주는 것은…… 우리의 선택이다. −조앤 K. 롤링

대다수 사람은 자신의 모습을 과소평가합니다. 우리의 존재와 능력을 제대로 인식하지 못하고 있는 것입니다.

항상 들어왔던 말이 '너는 할 수 없어'였기 때문에 자신이 무엇을 할 수 있는지도 모릅니다. 또한 불행하게도 성공이나 행복한 인생은 자격 있는 몇몇 사람만의 것이라고 간주합니다. 그리고 스스로 '나는 안 돼'라고 치부하고 마는 것입니다.

능력과 지성은 중요한 열쇠가 아닙니다. 가장 중요한 핵심은 자신의 능력을 인식하고, 그것에 감사하며, 계발하고 이용하는 것입니다.

당신의 동의 없이는 누구도 당신에게 열등감을 느끼게 할 수 없다

못 가진 것에 대한 욕망으로 가진 것을 망치지 마라. 하지만 지금 가진 것이 한때는 바라기만 했던 것 중 하나였다는 것도 기억하라.
-에피쿠로스

언젠가 렘브란트의 그림 한 점이 100만 달러에 팔렸다는 기사를 읽었습니다. 나는 속으로 이렇게 생각했습니다.

'세상에 그런 가치의 그림은 어떤 것이지?'

그리고 연속적으로 몇 가지 생각이 더 떠올랐습니다. 첫 번째, 분명 그 그림은 뭔가 특별할 것이라는 느낌이었습니다. 두 번째, 렘브란트는 천재라는 추측이었습니다.

오늘날 세상에는 수십억 명의 사람이 살고 있습니다. 그 중에서 당신은 단 한 사람뿐인 유일하고 존귀하고 특별한 존재입니다. 이러한 특성이 당신에게 돈으로 헤아릴 수 없는 가치를 부여하고 있습니다. 렘브란트를 창조한 하나님이 당신도 창조한 것입니다. 하나님의 눈에는 렘브란트나 어느 누구와 같이 당신 역시 소중한 존재입니다.

당신은 이미 완성된 인간이다

당신이 태어났다는 것은 분명한 사실이다. 수억만 대의 경쟁을 뚫고 태어났다는 것은 이미 태어나기도 전부터 당신은 승리자가 되었다는 의미다. 하나의 정자는 하나의 난자를 '보고' 열심히 뒤돌아 가서 결합하게 된다. 그러므로 당신은 이미 당신의 길에서 성공으로 접어들고 있었다. −제임스 파커

다음 단계로 넘어가려면 승리에 필요한 계획을 세워야 합니다. 희소식이 있습니다. 무엇을 선택해야 할 만큼 나이가 들기 전에 이미 당신은 위대한 출발을 시작했습니다. 당신의 도래는 영겁 이전에 계획된 사건이었습니다. 당신의 어머니와 아버지는 당신을 가질 특별한 생각을 하지 않았을지도 모릅니다. 당신을 가질 타이밍이 좋지 않다고 생각했을 수도 있습니다. 하지만 단언하건대, 당신은 의도한 바대로 승리자입니다.

두 번 다시 당신은 그처럼 극복할 수 없는 역경을 경험하지 않을 것입니다. 당신은 이미 엄청난 승리자가 되었습니다. 당신은 이미 제대로 태어난 사람입니다.

인간의 자원은 이용하지 않으면 고갈된다

행복은 자기 가치를 이루는 데서부터 얻는 마음의 상태다.
-아인 랜드

어린 시절 나는 인간에게 발생할 수 있는 가장 비극적인 일이 무엇일까 생각해 봤습니다. 그때 생각으로는, 임종을 눈앞에 둔 사람이 그의 소유지에서 원유를 발견하는 일일 것이라고 나름대로 결론을 내렸습니다. 그러나 지금은 인간이 가지고 있는 무한의 능력을 계발하지 않는 것이야말로 가장 비극적인 일이라고 확신합니다.

10센트 동전과 20달러 금화가 바다 밑에서 같이 부식된다면 둘은 같은 가치를 가진 것입니다. 가치의 차이는 당신이 동전을 건져 올려 용도에 따라 사용할 때 분명히 드러납니다.

당신의 가치는 스스로 잠재되어 있는 모든 능력을 깨닫고 이용할 때 현실화됩니다. 당신은 경쟁력이 있습니다.

인생의 시험은 지혜로 통과한다

지혜란 우리가 가진 지식을 진실하고 올바르게 사용하는 것을 뜻한다. —프레드 스미스

약 2년 주기로 정보와 지식이 2배로 증가하는 시대를 살아가고 있습니다. 하지만 그럼에도 대다수 사람은 이전보다 더욱더 많은 문제를 안고 살아가는 데 동의할 것입니다. 그러므로 우리의 의문은 '지식과 정보가 문제 해결에 도움이 되는가' 라는 점입니다. 대답은 분명히 '아니다' 입니다.

일부 현명한 사람은 지식은 '아는 과정' 이라고 말합니다. 반면 지혜는 지식을 가지고 우리가 무엇을 해야 하는지 알려주는 것입니다. 또 다른 사람들은, 지식은 자기가 많이 알고 있음을 자랑하는 것이고 지혜는 자신이 너무 적게 알고 있음에 겸손해하는 것이라고 말합니다. 아드리언 로저스 박사는 말합니다. "학교에서 시험에 통과하는 데 필요한 것이 지식이다. 인생의 시험에 통과하려면 지혜가 필요하다."

사소한 것들이 만들어내는 엄청난 차이

당신이 어떤 새의 이름을 세상의 모든 언어로 알 수는 있겠지만, 다 알게 된다 해도 그 새에 관한 어떤 것도 알지 못할 것이다. 이제 새를 보고 행동을 관찰해보자. 중요한 것은 바로 이것이다. 나는 매우 일찍부터 무언가의 명칭을 아는 것과 무언가를 아는 것의 차이를 습득했다. -리처드 파인만

땅에 뚫린 구멍은 아무것도 아니지만, 만약 당신이 그곳을 지나치다가 발을 헛디뎌 구멍에 빠진다면 다리가 부러질 수도 있습니다.

 부주의한 논평, 비열한 말, 상처입히는 진술, 생각 없는 행동들은 그 당시에는 사소하고 의미 없어 보일지 모르지만 그 말을 들은 누군가의 인생에 있어 회복 불가능한 상처로 남게 될 수도 있습니다.

 따라서 우리는 인생에 있어 '사소한 것'부터 사려 깊게 행동할 필요가 있습니다. 그러면 당신은 보다 크고, 보다 나은 것을 즐길 수 있는 단단한 토대를 갖추게 될 것입니다. 친구와 가족과 이웃과의 좋은 관계를 포함해 단단한 기초를 세우게 될 것입니다.

인생의 모든 면에서 사소한 것들이 엄청난 차이를 만들어냅니다. 그러므로 인생에서 많은 것을 얻어내려면, 사소한 여분의 것들을 인생에 선물하십시오. 그러면 이 사소한 것들이 승자와 패자를 나누는 차이점이 될 것입니다.

당신의 재능은 쓸수록 늘어난다

자신의 능력을 감추지 마라. 재능은 쓰라고 주어진 것이다. 그늘 속의 해시계가 무슨 소용일까. -벤저민 프랭클린

성경에 나와 있는 달란트에 관한 이야기를 기억하십니까?

세 사람의 하인이 있었습니다. 주인이 외국으로 나가기 전에 그들을 불러 모았습니다. 한 사람은 한 달란트, 또 한 사람은 두 달란트, 마지막 한 사람은 다섯 달란트를 주었습니다.

시간이 지나 주인이 여행에서 돌아와 세 사람에게 자기가 준 달란트를 어떻게 썼느냐고 물었습니다. 다섯 개를 받았던 사람은 모두 투자해 다섯을 더 만들어 냈고, 두 개를 받았던 사람도 마찬가지로 두 개를 더 가지고 왔습니다. 그러나 단 하나를 가지고 있던 사람은 그것을 땅에 묻어 두었다고 대답했습니다.

주인은 하나의 달란트를 주었던 사람을 "악하고 게으른

종아!"라고 꾸짖으며 그 하나마저 빼앗아 열 개의 달란트를 가지고 있는 사람에게 주었습니다.

   우리는 재능을 땅에 묻을 것이 아니라 그것을 투자하고 사용해서 넘쳐흐르게 해야 합니다. 그럴수록 더욱 많은 것을 얻게 될 것입니다.

영혼이 비었을 때도 꼬르륵 소리가 나면 재미있지 않을까?

당신의 행복은 무엇이 당신의 영혼을 노래하게 하는가에 따라 결정된다. -낸시 설리번

우리 신체 중에서 머리와 그 아랫부분의 가치를 한번 따져봅시다. 목 아래 부분으로 주당 100달러 이상의 일을 하는 사람은 거의 없습니다. 그러나 우리의 머리를 생각해보면, 개인의 가치에는 어떤 제한도 없습니다.

그럼 이번에는 이 두 부분을 위해서 우리가 무엇을 하는지 살펴볼까요? 우리는 주당 100달러 정도의 가치를 가지는 부분을 위해서는 매일 열심히 양식을 공급합니다. 하지만 무제한의 가치를 가지고 있는 우리의 머리를 위해서는 얼마나 자주 영혼의 양식을 공급합니까? 가끔 아니면 우연히?

우리는 시간이 부족하다고 변명을 늘어놓습니다. 그러나 이것은 너무 궁색합니다. 매일 주당 100달러의 가치를 가지는 부분에 줄 시간은 있으면서 무한한 잠재력을 가지

고 있는 부분에 대해서는 시간이 없다고요? 상식적으로 말이 되지 않는다는 것을 느끼겠지요?

지금 우리의 정신이 배고프고 목말라 하고 있습니다.

우리는 자기 자신의 근본적인 믿음과
성격의 특징에 따라 결정을 하게 된다

어떤 비관론자도 별의 비밀을 발견하거나, 미지의 섬으로 항해하거나, 인간 정신의 새로운 낙원을 연 적이 없다. -헬렌 켈러

오늘날의 세계는 '모든 것은 내 잘못이 아니야'의 세계입니다. 무언가 잘못되면 어김없이 범인은 이렇게 말합니다.

"그건 내 잘못이 아니야."

나는 이 작은 비유를 좋아합니다.

어떤 사람은 피아노를 쳤다 하면 오로지 시끄러운 소리만 낼 줄 압니다. 또 다른 사람은 항상 조화로운 소리를 냅니다. 이 둘을 보면서 어느 누구도 피아노가 잘못이라고 주장하는 사람은 없습니다. 불협화음이 있는 것처럼 화음도 있습니다.

제대로 연주하면 피아노는 아름다운 소리를 내게 될 것입니다. 엉망으로 연주하면 피아노는 끔찍한 소리를 내게 될 것입니다.

이처럼 인생 자체에 무슨 결함과 잘못이 있는 것이 아닙니다. 단지 어떤 사람이 연주하느냐에 달린 문제입니다. 미래에 대한 책임감을 받아들일 때 우리의 미래는 훨씬 밝아질 것입니다.

습관의 굴레는 그것이 너무 강해서
부러지게 될 때까지 느껴지지 않는다

습관은 습관이다. 누구에게든 습관은 창밖으로 내던져 버릴 수 있는
것이 아니라 구슬려 한 번에 한 계단씩 내려오게 해야 하는 것이다.
–마크 트웨인

혹시 니코틴중독자인가요? 또는 주위에서 니코틴중독자를 본 적이 있나요?

많은 니코틴중독자들은 담배가 떨어지는 순간부터 그들이 다시 담배를 사거나 구걸하거나 빌리거나 심지어는 훔쳐서 얻게 될 때까지 경련을 일으킵니다.

또 이런 경우도 볼 수 있습니다. 담배만 없으면 아주 우람한 체격의 건강한 사람이 단지 몇 밀리그램도 나가지 않는 담배 때문에 몰골이 초췌해 있는 것을 말입니다. 그래서 나는 인간이 감정의 동물이 아니라 논리적인 동물이기를 희망합니다.

습관이라는 것은 아주 희한합니다. 아니 비참하다고 표현해야 할 것 같습니다. 왜냐하면 나쁜 습관은 나쁜 결과를

몰고 올 것이며 피할 수 없기 때문입니다. 그럼에도 불구하고 수많은 사람이 악하고 사치스럽고 문제를 불러일으키는 습관을 고집합니다. 그들이 습관을 갖는 것이 아니라 습관이 그들을 소유합니다.

올바른 습관을 선택하십시오. 그리고 나쁜 습관이 당신에게 몰래 다가오지 못하도록 언제나 경계하십시오.

10장 명언 모음

내 자신에 대한 자신감을 잃으면
온 세상이 나의 적이 된다 by 에머슨

정직하고 용기 있게 인생을 살면 경험을 통해 성장할 수 있다. 바로 이것이 인격을 쌓는 방법이다. -엘리너 루스벨트

조화와 마음의 평화는 유행이나 경향과 상관없이 항상 같은 방향을 가리키는 도덕적 나침반을 따르는 데서 찾을 수 있다. -테드 코펠

전문가를 신뢰하지 마라. 전문가적인 의견이 언제나 통하는 것만은 아니다. 만약 칠면조에게 물어본다면, 칠면조의 위 안에는 여치와 잔 모래와 벌레로 가득 차 있음에 틀림없기 때문이다. -무명씨

우리가 가진 능력보다 진정한 우리를 훨씬 잘 보여주는 것은…… 우리의 선택이다. -조앤 K. 롤링

못 가진 것에 대한 욕망으로 가진 것을 망치지 마라. 하지만 지금 가진 것이 한때는 바라기만 했던 것 중 하나였다는 것도 기억하라.
-에피쿠로스

당신이 태어났다는 것은 분명한 사실이다. 수억만 대의 경쟁을 뚫고 태어났다는 것은 이미 태어나기도 전부터 당신은 승리자가 되었다는 의미다. 하나의 정자는 하나의 난자를 '보고' 열심히 뒤돌아 가서 결합하게 된다. 그러므로 당신은 이미 당신의 길에서 성공으로 접어들

고 있었다. -제임스 파커

행복은 자기 가치를 이루는 데서부터 얻는 마음의 상태다.
-아인 랜드

지혜란 우리가 가진 지식을 진실하고 올바르게 사용하는 것을 뜻한다. -프레드 스미스

당신이 어떤 새의 이름을 세상의 모든 언어로 알 수는 있겠지만, 다 알게 된다 해도 그 새에 관한 어떤 것도 알지 못할 것이다. 이제 새를 보고 행동을 관찰해보자. 중요한 것은 바로 이것이다. 나는 매우 일찍부터 무언가의 명칭을 아는 것과 무언가를 아는 것의 차이를 습득했다. -리처드 파인만

자신의 능력을 감추지 마라. 재능은 쓰라고 주어진 것이다. 그늘 속의 해시계가 무슨 소용일까. -벤저민 프랭클린

당신의 행복은 무엇이 당신의 영혼을 노래하게 하는가에 따라 결정된다. -낸시 설리번

어떤 비관론자도 별의 비밀을 발견하거나, 미지의 섬으로 항해하거나, 인간 정신의 새로운 낙원을 연 적이 없다. -헬렌 켈러

습관은 습관이다. 누구에게든 습관은 창밖으로 내던져 버릴 수 있는 것이 아니라 구슬려 한 번에 한 계단씩 내려오게 해야 하는 것이다.
-마크 트웨인

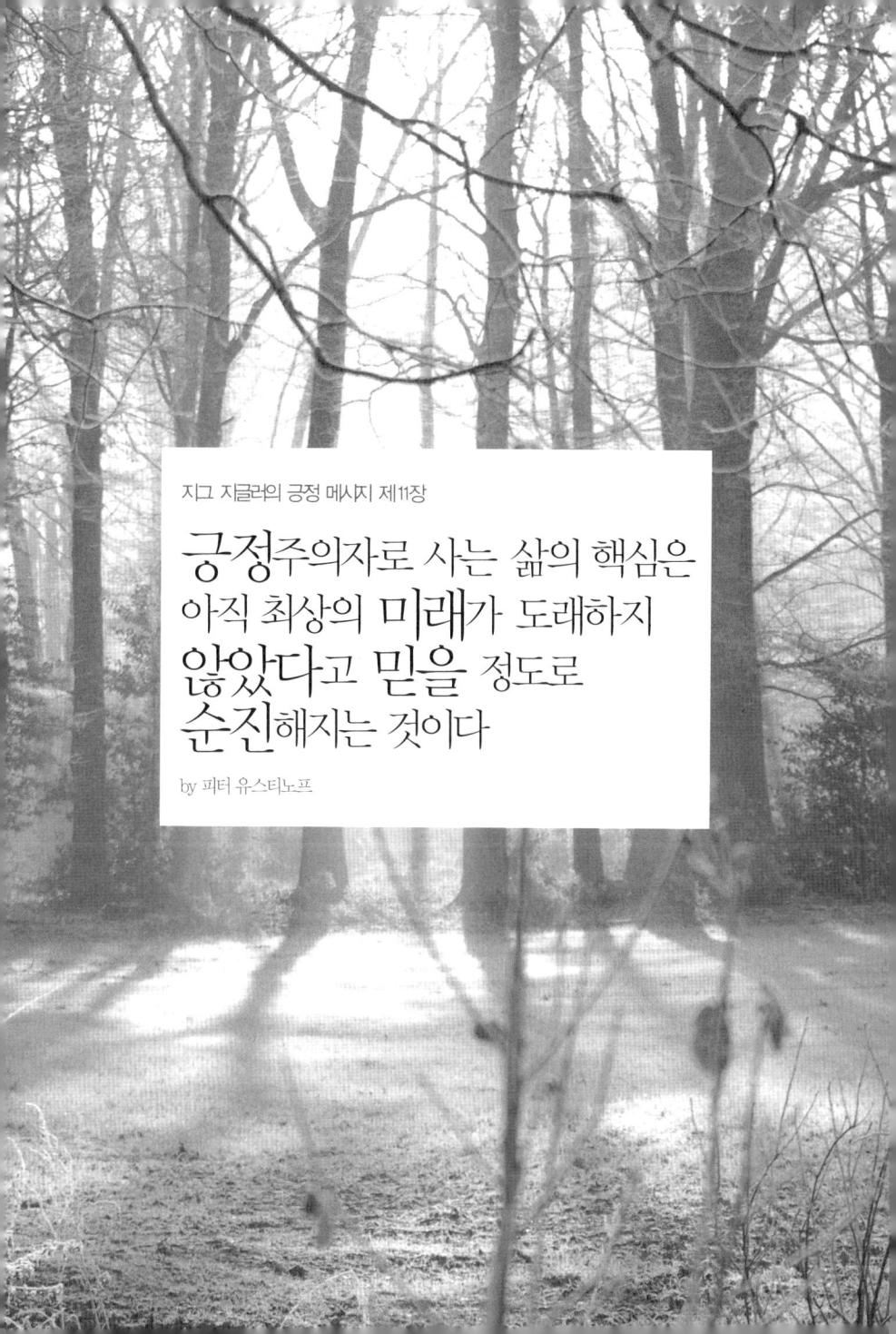

지그 지글러의 긍정 메시지 제11장

긍정주의자로 사는 삶의 핵심은
아직 최상의 미래가 도래하지
않았다고 믿을 정도로
순진해지는 것이다

by 피터 유스티노프

입에서 나오는 말은 마음속으로 들어가 당신 마음을 결정해 버린다

인생을 살아가는 데는 오직 두 가지 방법밖에 없다. 하나는 아무것도 기적이 아닌 것처럼, 다른 하나는 모든 것이 기적인 것처럼 살아가는 것이다. ―알베르트 아인슈타인

오늘날 우리 사회는 긍정보다는 점점 더 부정적으로 되어가고 있습니다. 가정에서 우리가 나누는 대화는 부정적인 측면을 더욱 가속화하고 있습니다. 불행하게도 부정적인 사상가는 자기 주변 세상을 부정적으로 만듭니다. 그런 사람이 뿌리는 모든 부정적인 사고는 풍작을 산출합니다. 아인슈타인은 한 가지 부정적인 사고를 극복하기 위해 7개의 긍정적인 영향력을 발휘해야 한다고 말한 적이 있습니다.

　강조를, 결과를 변화시키십시오. 하루 날을 잡아 자기가 말하는 요점을 기록해 보십시오. 그러면 그날 하루가 끝날 무렵이면 시작할 때에 비해 훨씬 긍정적인 대화를 하고 있는 자신을 발견할 것입니다. 일단 우리가 하고 있는 것을 의식하면 우리는 이미 해결을 향해 나가고 있는 셈입니다.

어제 당신은 무엇을 했으며
오늘 당신은 무엇을 하고 있는가?

올바른 일을 하라. 그러면 힘을 갖게 될 것이다. ―에머슨

이 세상에는 몽상으로 가득 찬 꿈꾸는 무리가 있기 마련입니다. 그들은 아무런 기초공사 없이 '하늘에 집을' 짓습니다. 내일 무슨 일을 할 것이며, 내년에는 무슨 일을 할 것이고, 장차 무슨 일을 할지 엄청난 계획을 끊임없이 말하고 있습니다. 이런 사람들에게 내가 묻고 싶은 말이 있습니다.

"어제 당신은 무엇을 했으며 오늘 당신은 무엇을 하고 있는가?"

다행스럽게도 우리 세상은 꿈과 희망과 계획을 가진 사람으로 가득 차 있습니다. 그들은 끊임없이 자신과 주변 사람들, 모든 사람의 인생의 질을 향상시키기 위해 노력하고 있습니다. 그들은 과거보다 미래가 훨씬 더 나아질 것을 믿고 희망하는 영원한 낙천주의자들입니다.

동기는 인간이라는 기계를
계속해서 돌리는 데 필요한 동력이다

눈에 보이는 대로의 삶, 사람, 사물, 문학, 음악에 관심을 가져라. 풍요로운 보물과 아름다운 영혼, 흥미로운 사람들로 넘쳐나는 세상에 가슴이 뛴다. 자신을 잊어라. −헨리 밀러

일반적으로 사람들은 자신이 '약간 침체'되었을 때 찾아서 듣는 무언가가 있다고 말합니다. 형식은 제각각이지만 그건 분명 어떤 소리일 것입니다. 그들은 그 소리를 듣고 있으면 다시 기분이 나아진다고 이야기합니다. 그럼 나는 그들에게 이렇게 되묻습니다.

"왜 기분이 침체될 때까지 기다립니까? 그 무언가를 듣는 일을 하나의 습관으로 하면 안 되나요? 그러면 자동적으로 매일매일 격려를 받을 수 있을 텐데요."

가라앉았다 '일어나는' 것보다 서 있다 '서는' 게 훨씬 쉽습니다. 또한 동기화는 당신이 탄력을 받고 있을 때 가장 효과가 큰 법입니다. 동기화 엔진에 지속적으로 연료를 공급할 때, 우리는 보다 창조적인 아이디어를 얻을 것입니다.

동기부여는 성공이란 차에 들어가는
단 하나의 연료이다

집중력은 자신감과 갈망이 결합하여 생긴다. -아놀드 파머

A팀과 B팀이 축구 경기를 벌이고 있었습니다. 전반전에서는 A팀이 B팀을 압도하며 경기를 진행했습니다. 그런데 후반전이 시작하자마자 지고 있던 B팀에 갑자기 큰 변화가 일어났습니다. B팀의 모든 선수가 미친 듯이 힘을 내기 시작한 것입니다. 그들은 할 수 있다는 믿음, 이길 수 있다는 자신감으로 스스로에게 희망의 연료를 공급하고 있었습니다. 그러자 B팀의 선수들은 승리감에 도취되었고, A팀의 선수들은 당황하기 시작했습니다. B팀의 선수들은 그런 A팀의 선수들의 당황한 눈빛에 더욱 승리에 대한 확신을 갖게 되어 더 열심히 뛰었습니다.

우리의 인생도 이와 같습니다. 뭔가가 긍정적으로 진행된다고 생각하면 우리는 힘이 납니다. 그러나 불안감을 느

끼기 시작하면 기운이 빠지고 자신감을 잃게 됩니다. 이래서 동기부여가 중요한 것입니다.

우리가 시간에 맞춰 식사를 하는 것처럼 인생을 최대한 즐기기 원하는 사람은 자신의 마음에 규칙적으로 동기부여를 해주어야만 합니다.

행복의 여정

행복은 항상 부산물이다. 성격 나름이며, 타고난 것일 수도 있다. 그러나 인생에서 요구할 수 있는 것은 아니다. 자신이 행복하지 않다면 그에 대한 걱정은 그만하고, 자신이 생각하는 불행에서 끄집어낼 수 있는 보물을 보라. -로버트슨 데이비스

행복은 다른 사람에 의해 이루어지는 것이 아닙니다. 행복은 당신에게 그리고 당신을 위해서만 행해지는 것도 아닙니다.
    행복은 선택입니다. 행복한 사람은 가장 중요한 것, 즉 다른 사람들에게 초점을 맞춥니다. 사랑받고 사랑하는 것은 오래된 행복의 비밀인지도 모릅니다.
    인생을 보다 많이 경험할 때 우리는 행복을 경험할 것입니다. 더 많은 생활 수단과 더 많은 성취가 다른 무엇보다 중요합니다. 가치 있는 목표를 성취하는 것, 당신과 다른 사람에게 보다 많은 기쁨을 가져다주는 것이 바로 행복입니다. 성공과 사랑과 마찬가지로 행복은 목적지가 있는 것이 아니라 평생 동안 끝나지 않는 여정입니다.

행복의 향기는
나의 존재 자체에서 퍼져 나온다

타인들의 비현실적 기준에 당신 자신을 꿰맞출 수도 있겠지만, 이를 무시하고 당신 그대로의 모습으로 행복하게 사는 데 집중할 수도 있다. —제프 자크

많은 사람들이 자신의 집을 갖게 되면 행복해질 거라고 생각합니다. 집에 채울 모든 살림살이가 생기면 행복해질 거라고 믿습니다. 은행에서 대출받은 돈을 전부 갚으면 행복해질 거라고 기대합니다. 그리고 그들의 두 번째 집을 전망 좋은 호숫가나 언덕에 짓는다면 더 행복해질 거라고 확신합니다. 그러나 이런 사람들은 아주 순진한 사람들입니다. 그들은 자신들의 집을 갖고 살림살이가 생기고 대출금을 갚고 또 하나의 집이 생겨도 행복해질 수 없습니다.

이유는 간단합니다. 당신이 어디에 가든 차이가 없습니다. 당신은 당신일 뿐입니다. 무엇을 가지고 있든 차이가 없습니다. 앞으로 더 많은 걸 원할 것입니다. 존재 자체에 행복해하지 않으면 소유만으로 절대 행복할 수 없습니다.

행복은 깊숙이 자리한 곳에서 나온다

주는 사람치고 불행한 사람을 본 적이 나는 결코 없었다.
-조지 아담스

마이클 퀄렌 박사는 깊은 행복감은 깊숙이 자리한 곳에서 나온다고 말합니다. 결혼이나 신앙과 같이 친밀한 관계에서 행복이 비롯됩니다. 깊숙이 자리한 확신으로 인해 인생은 추구해볼 만한 가치가 있게 됩니다.

위스콘신 대학의 리처드 데이비슨 박사는 이렇게 말합니다.

"행복은 목적을 성취하는 과정과 밀접한 연관이 있다."

이 점은 UCLA의 데이빗 젠센 박사의 연구에 의해서도 확인된 바가 있습니다. 이 연구에 의하면 특정한 목적을 갖고 그 목표에 도달하려고 노력하는 사람은 보다 행복하고 보다 건강합니다. 하지만 가정에서 다른 사람과 보다 잘 어울리는 사람들이 보다 많은 돈을 법니다.

승리의 감동을 아는 자만이
고난의 길을 갈 수 있다

이 세상에서 가장 아름다운 것들은 보이거나 만져질 수 없다. 단지 가슴으로만 느낄 수 있다. −헬렌 켈러

프랑스의 위대한 미술가 르누아르는 말년에 관절염을 심하게 앓았습니다. 손이 비틀리고 근육에 강한 경련이 일었습니다. 모든 동작 하나하나가 고통 그 자체였습니다. 그러나 르누아르는 손가락 끝으로 붓을 잡고 계속 그림을 그렸습니다. 그의 동료인 마티스는 슬픈 눈으로 르누아르를 지켜보았습니다.

어느 날, 마티스가 르누아르에게 물었습니다.

"왜 그런 고통 속에서도 그림을 고집하는 건가?"

르누아르가 미소를 지으며 대답했습니다.

"고통이 지나가면 아름다움이 남는다네."

희망은 수동적인 것이 아니다
그것은 적극적인 태도의 문제다

어떤 일을 하기에 앞서 스스로 그 일에 대한 기대를 가져야 한다.
-마이클 조던

어느 날 아침 아내와 함께 앉아 내가 즐기는 아침 식사를 하고 있는 동안, 갑자기 이런 생각이 떠올랐습니다.

'나는 왜 거의 언제나 행복할까?'

그건 내 인생이 기대로 가득 차 있기 때문입니다. 우리는 지난밤 유명 팬케이크 가게를 보았고, 다음 날 아침으로 팬케이크를 먹을 것을 고대했습니다. 그래서 나는 내 것일 수도 있는 즐거움을 몹시 기다렸습니다.

하버드 대학 연구에 의하면 많은 기대를 가지고 세미나에 참석하는 사람은 그렇지 않은 사람보다 많은 것을 얻어내는 것으로 나타났습니다. 종종 기대한 만큼 얻어내지 못해도 그에 대한 보상으로 기대하지 않은 것에서 많은 것을 얻기도 합니다. '기대' 원칙은 모든 인생에 적용됩니다.

인생은 메아리와 같다
당신이 보낸 것은 언젠가 다시 되돌아온다

인생은 거울과 같으니, 비친 것을 밖에서 들여다보기보다는 먼저 자신의 내면을 살펴야 한다. −월리 '페이머스' 아모스

한 소년이 무척 화난 표정으로 씩씩거리면서 그의 엄마를 향해 큰 소리로 외쳤습니다.

"난 당신이 미워요."

그리고는 혼이 날까 봐 두려워 집 밖으로 뛰쳐나갔습니다. 소년은 동네를 달리면서 계속 외쳤습니다.

"난 당신이 미워요. 난 당신이 미워요……"

이 소리는 마을 뒤의 계곡으로 뻗어 나갔습니다. 소년의 목소리는 계곡에 부딪쳐 되울렸고 메아리가 되어 온 동네에 울려 퍼졌습니다.

"난 당신이 미워요. 난 당신이 미워요……"

메아리에 당황한 소년은 집으로 돌아와 엄마에게 말했습니다.

"엄마, 나를 미워하는 남자애가 있나 봐요. 온 동네에 내가 밉다는 목소리가 울리고 있어요."

그의 엄마는 소년에게 다시 밖으로 나가서 이번에는 이렇게 외치라고 이야기했습니다.

"난 당신을 사랑해요. 난 당신을 사랑해요……."

소년은 엄마의 말대로 했고 이번에는 자신을 사랑하는 소년이 살고 있다는 것을 알았습니다.

"난 당신을 사랑해요. 난 당신을 사랑해요……."

명심하십시오. 당신이 한 말은 다시 당신에게 되돌아옵니다.

자신을 바라보는 방법은
당신의 행동에 영향을 미친다

여러분이 보다 보람찬 인생을 살려면 생각하는 방식을 바꿔야 합니다. -오프라 윈프리

긍정적인 말이든 부정적인 말이든 한 문장으로 표현할 수 있습니다.

"난 잊지 않기를 바라요."

"내가 잊지 않도록 해줘."

이런 식으로 말하는 사람들은 그 자신을 부정적인 방향으로 인도하고 있는 것입니다. 이것보다는 이런 화법은 어떻습니까?

"난 내 책상 서랍에 넣어둔 열쇠를 기억할 거야."

훨씬 긍정적인 느낌이 들지요?

이런 종류의 말들은 끝이 없습니다.

나는 당신에게 작은 노트를 가지고 다닐 것을 제안합니다. 그래서 자신을 부정적인 모습으로 묘사하는 표현들이

떠오르면 그때마다 노트에 쓰십시오. 그리고 다시 그런 표현들을 긍정적인 말들로 바꿔 이야기하십시오.

당신에게 가장 영향력 있는 사람은 바로 당신 자신입니다. 따라서 자기 스스로에게 말하는 것에 언제나 가장 신중해야 합니다.

당신의 마음은
당신이 뜻하는 대로 움직인다

아름다운 여자의 마음에 들려고 노력할 때는 1시간이 마치 1초처럼 흘러간다. 그러나 뜨거운 난로 위에 앉아 있을 때는 1초가 마치 1시간처럼 느껴진다. 그것이 바로 상대성이다. -알베르트 아인슈타인

한 여성이 심각한 신장염에 걸렸습니다. 의사들은 그녀의 신장 하나를 제거하기로 결정하고 수술 일정을 잡았습니다.

여자가 마취 상태에 있을 때 의사들은 수술 전 최종 검사를 했습니다. 검사 결과 의사들은 수술이 필요하지 않다고 의견을 모았습니다. 결국 신장은 제거되지 않았습니다. 그러나 마취에서 풀려나자마자 여자는 갑자기 소리를 질렀습니다.

"오, 아파요. 너무 아파 죽겠어요. 수술이 잘못된 건 아니에요?"

달려온 의사들이 수술을 하지 않았다고 이야기하자 그녀는 좀 당황했습니다. 분명히 그녀는 마취에서 풀려났을

때 심한 고통을 예상하며 잠이 들었기 때문입니다. 깨어났을 때, 그녀의 마음속에는 마치 수술이 있었던 것과 같은 통증이 자리 잡고 있었던 것입니다.

생각은 실제와 환상의 차이를 구별하지 못합니다. 언제나 긍정적인 방향으로 사고하십시오.

돈만 있으면 가족을 위한 모든 걸 살 수 있다 그러나 그들의 사랑만은 살 수 없다

돈은 내게 큰 동기가 아니라 단지 점수였다. 진짜 재미는 게임을 즐기는 것이다. -도널드 트럼프

나도 한때는 안정을 돈과 동등하게 생각했고, 또 돈과 성공을 같은 것으로 여겼던 젊은이였습니다. 그러나 진정한 만족과 완전한 성공은 돈으로 살 수 없음을 인생을 통해 배웠습니다.

오해는 하지 말고 들어주었으면 좋겠습니다. 나는 돈으로 살 수 있는 것을 좋아합니다. 당신 또한 그럴 거라고 확신합니다. 나는 멋있는 옷과 아름다운 집, 크고 안락한 자동차 등을 좋아합니다.

하지만 나는 돈으로 살 수 없는 것들을 사랑합니다. 돈으로 집은 살 수 있어도 가정은 살 수 없습니다. 돈으로 침대는 살 수 있어도 멋진 잠자리는 살 수 없습니다. 행복을 사는 것은 더욱 불가능합니다. 돈을 써서 근사한 시간을

보낼 수는 있어도 정신적인 평화는 살 수 없습니다. 또한 돈으로 동료는 구할 수 있어도 친구는 사귈 수 없습니다.

성공은 돈과 동등한 것이 아닙니다. 진정한 성공은 당신의 모든 삶을 포함해야 합니다.

올바른 목소리에 귀 기울일 때
올바른 선택을 하게 된다

투입량은 전망에 영향을 미친다. 전망은 산출량에 영향을 미친다. 그리고 산출량은 결과를 결정한다. -무명씨

음악은 언제나 우리의 인생에 영향을 미쳐 왔습니다. 앤드류 플레처는 위대한 스코틀랜드 애국지사인데, 그는 이렇게 적었습니다.

"당신은 법을 만들고, 나에게는 음악을 작곡하도록 허하라. 그러면 난 당신의 나라를 통치할 것이다."

플레처는 마음속에 품고 있는 단어가 우리의 사고에 영향을 미치며, 사고는 행동에 영향을 미치고, 행동은 결과(때로는 좋은 결과를, 때로는 좋지 않은 결과)를 산출한다는 점을 분명히 말하고 있습니다.

대화, 독서, 관찰, 듣기 등을 통해 우리의 마음속에 들어온 것들이 우리의 행동에 영향을 미칩니다. 연사인 빌 샤핀의 말을 인용하자면 "그릇된 목소리를 듣게 되면 당신은 그

릇된 선택을 하게 될 것입니다. 그렇기 때문에 올바른 목소리에 귀 기울이게 될 때, 당신은 올바른 선택을 하게 될 것입니다."

당신은 정상에 있다

내일은 인생에서 가장 중요한 것이다. 자정이 되면 내일은 매우 깨끗한 상태로 우리에게 다가온다. 매우 완벽한 모습으로 우리 곁으로 와 우리 손으로 들어온다. 내일은 우리가 어제에서 뭔가를 배웠기를 희망한다. -존 웨인

1. 과거에는 친구와 잊지 못할 추억을 만들었고 현재는 냉철하고 명확하게 현실에 초점을 맞추고 미래에 대해 낙관적 전망을 가지고 있다면 당신은 정상에 있는 것입니다.

2. 적을 친구로 만들고, 당신을 가장 잘 아는 사람들로부터 존경과 사랑을 받는다면 당신은 정상에 있는 것입니다.

3. 신념과 희망, 사랑으로 자신의 삶을 채우고 미움과 시기, 죄악, 복수의 생각을 갖지 않는다면 당신은 정상에 있는 것입니다.

4. 옳은 것을 옳다고 지지하지 않는 것이 결국 불의를 몰고 오는 서막이 된다는 것을 안다면 당신은 정상에 있는 것입니다.

5. 기쁨의 희열을 잠시 물리고 권리보다 의무에 초점을 맞출 만큼 성숙하다면 당신은 정상에 있는 것입니다.

6. 사랑받지 못하는 사람에게 사랑을, 희망이 없는 사람에게는 희망을, 친구가 없는 사람에게 우정을, 낙담한 사람에게 용기를 줄 수 있다면 당신은 정상에 있는 것입니다.

7. 성공이 삶의 전부가 아니며 실패가 끝이 아니라는 것을 안다면 당신은 정상에 있는 것입니다.

8. 사람들과 평화롭게 조화를 이룰 수 있다면 당신은 정상에 있는 것입니다.

9. 실패가 단지 사건에 불과하며 어제는 지난밤으로 끝나고 오늘이 당신의 새로운 날이라는 것을 명확히 이해한다면 당신은 정상에 있는 것입니다.

10. 불평하는 사람에게 즐겁게 대하고, 무례한 사람에게 예의 바르고, 궁핍한 사람에게 관대할 수 있는 긴 안목을 소유하고 있다면 당신은 정상에 있는 것입니다.

11. 육체적·정신적·영혼의 능력을 인정하고 계발해 모든 이웃에게 이익이 될 때 당신은 정상에 있는 것입니다.

11장 명언 모음

긍정주의자로 사는 삶의 핵심은 아직 최상의 미래가 도래하지 않았다고 믿을 정도로 순진해지는 것이다 by 피터 유스티노프

인생을 살아가는 데는 오직 두가지 방법밖에 없다. 하나는 아무것도 기적이 아닌 것처럼, 다른 하나는 모든 것이 기적인 것처럼 살아가는 것이다. -알베르트 아인슈타인

올바른 일을 하라. 그러면 힘을 갖게 될 것이다. -에머슨

눈에 보이는 대로의 삶, 사람, 사물, 문학, 음악에 관심을 가져라. 풍요로운 보물과 아름다운 영혼, 흥미로운 사람들로 넘쳐나는 세상에 가슴이 뛴다. 자신을 잊어라. - 밀러

집중력은 자신감과 갈망이 결합하여 생긴다. -아놀드 파머

행복은 항상 부산물이다. 성격 나름이며, 타고난 것일 수도 있다. 그러나 인생에서 요구할 수 있는 것은 아니다. 자신이 행복하지 않다면 그에 대한 걱정은 그만하고, 자신이 생각하는 불행에서 끄집어낼 수 있는 보물을 보라. -로버트슨 데이비스

타인들의 비현실적 기준에 당신 자신을 끼워 맞출 수도 있겠지만, 이를 무시하고 당신 그대로의 모습으로 행복하게 사는 데 집중할 수도 있다. -제프 자크

주는 사람치고 불행한 사람을 본 적이 나는 결코 없었다.
-조지 아담스

이 세상에서 가장 아름다운 것들은 보이거나 만져질 수 없다. 단지 가슴으로만 느낄 수 있다. -헬렌 켈러

어떤 일을 하기에 앞서 스스로 그 일에 대한 기대를 가져야 한다.
-마이클 조던

인생은 거울과 같으니, 비친 것을 밖에서 들여다보기보다는 먼저 자신의 내면을 살펴야 한다. -월리 '페이머스' 아모스

여러분이 보다 보람찬 인생을 살려면 생각하는 방식을 바꿔야 합니다. -오프라 윈프리

아름다운 여자의 마음에 들려고 노력할 때는 1시간이 마치 1초처럼 흘러 간다. 그러나 뜨거운 난로 위에 앉아 있을 때는 1초가 마치 1시간처럼 느껴진다. 그것이 바로 상대성이다. -알베르트 아인슈타인

돈은 내게 큰 동기가 아니라 단지 점수였다. 진짜 재미는 게임을 즐기는 것이다. -도널드 트럼프

투입량은 전망에 영향을 미친다. 전망은 산출량에 영향을 미친다. 그리고 산출량은 결과를 결정한다. -무명씨

내일은 인생에서 가장 중요한 것이다. 자정이 되면 내일은 매우 깨끗한 상태로 우리에게 다가온다. 매우 완벽한 모습으로 우리 곁으로 와 우리 손으로 들어온다. 내일은 우리가 어제에서 뭔가를 배웠기를 희망한다. -존 웨인

… epilogue …

성공을 위한
다음 단계
돌파구

나는 긍정적 사고를 위한 이 작은 트레이닝 소책자에, 인용과 개념 정의와 내 자신이 다음 단계로 나가는 데 도움이 되었고 힘이 되어주었던 여러 이야기들을 실어놓았습니다. 당신이 이 작은 지침서를 통해 삶의 목표와 구체적인 계획을 세워 새로운 인생의 항로를 만들어가는 데 도움이 되길 간절히 희망합니다.

언제나 이런 말을 합니다.

"다른 사람에게 그들이 원하는 것을 충분히 갖도록 도와준다면 당신은 자기 인생에서 원하는 것을 무엇이든 얻을 수 있다."

이 책이 그렇게 할 수 있도록 도와줄 것입니다. 다른 사람들이 원하는 것을 가질 수 있도록 여러분이 도와주십시오. 여벌의 책을 가지고 있다가 필요한 친구나 동료들에게 주십시오. 그들이 자신이 원하는 것을 갖도록 도와주십시오. 그러면 당신은 정상을 향한 다음 단계에 이미 도달한 것입니다.

지그 지글러